土居正博 著

クラス全員が熱心に取り組む！

漢字指導法

―学習活動アイデア＆指導技術―

明治図書

はじめに―あなたは「抜き打ち」で50問テストを行えますか?

大変ありがたいことに、国語科指導法について講座をさせていただく機会が増えてきました。先生方のニーズにお応えしたい、との思いから、私がお話できる内容を領域ごとにまとめて、どの領域を聞きたいかその場でアンケートを取って、お話しする領域をその場で決めたことがあります。

そのとき挙げた領域は、「音読」「漢字」「書くこと」「文学」「説明文」の五つでした。

予想としては、「文学」か「説明文」に票が集まるのではないかと考えていました。「読むこと」の授業はより難しく、先生方のニーズがあるのではないかと考えたからです。

ところが、アンケートでは、**「漢字」がダントツの1位**でした。

このとき、私は、**多くの先生方が漢字指導で困っている**ことを痛感しました。

私もほんの数年前まで本当に困っていました。

毎日宿題に出して、授業でも指導しているけれど、イマイチ子どもたちは「やらされている」感じで、力もついているのか分からない……といった具合でした。きっと、多くの先生方が同じような気持ちなのでしょう。

講座で、先生方にお聞きする質問があります。それは、

「50問漢字テストを『抜き打ち』でやれますか」

ということです。今まで講座などで何度となく質問してきましたが、自信をもって手を挙げられる方はゼロでした。結果が恐ろしくて到底できっこない――私もほんの数年前まで同じでした。

そのような指導システム、漢字指導に対する考え方などを余すことなくご紹介するのが本書です。

今、私のクラスでは、50問テストを「抜き打ち」（予告なし・初見問題）で行い、当たり前のように満点を取る子が続出し、平均も95点を超えています。

第1章は、「漢字指導への考え方」です。理論も交えながら、どのような考え方で漢字指導に向き合っていけばよいかを、現場からの目線で、できるだけ平易な言葉で書きました。

第2章は、「漢字指導システム」です。具体的にどのように指導していくのか、スキルの進め方、漢字練習のさせ方などをご紹介します。

第3章は、「漢字学習活動＆指導技術」です。クラスの「漢字熱」を高めるための学習活動や指導技術を具体的にご紹介します。

どこからお読みいただいても結構です（おススメは、まず第2章を読んで実際にお試しいただくことです）。

本書を読めば、あなたの漢字指導が変わること、そして子どもが変わること、間違いなしです。

土居　正博

目次

第2章 これで定着！クラス全員が必ず書けるようになる漢字指導システム

第3章 楽しく取り組む！漢字学習活動アイデア＆効果抜群！漢字微細指導技術

COLUMN

第1章

子どもが
「抜き打ち」テストで
100点を取れるクラスにする
漢字指導とは

漢字指導を「文字指導」レベルに留めるな
―あなたのクラスの子どもが「抜き打ち」テストで点を取れないカラクリ

定期的に行っている予告ありの10問ほどの小テストでは満点連発なのに、「抜き打ち」50問テストではあまり書けない、歯が立たない、という子がクラスにいませんか。

これでは、本当の意味で漢字の力をつけられている、とは言えません。**「抜き打ち」で書けない漢字は、日常的に作文や授業の感想で使える漢字ではないから**です。

このように「抜き打ち」では書けない、普段使えない、という状況をつくり出しているのは、実は、教師の指導法のせいです。その「カラクリ」を明かしましょう。

ある文字を書けるようにするため、文字の書き方を教える指導を「文字指導」と呼びましょう。実は、漢字指導は「文字指導」でもありますが、それだけではありません。

結論から言うと、漢字指導を単なる「文字指導」と教師が捉えているから、子どもに本当の漢字の力をつけられないのです。

漢字指導は「文字指導」でもあり、「語彙指導」でもあるのです。このことは以前から、小林一仁（1981）などでも指摘されていることです。

小林先生は次のように述べています。漢字習得は、「文字の形を音（字音・字訓）とともに義（意味・概念）をも習得する表語文字としてなされる。一字一字の漢字の字種は国語の語（ないし語となる要素）なのであるから、それは同時に語句・語彙の習得となる」というのです。

漢字という文字は、ひらがなやカタカナ、英語のアルファベットと違い、「それそのもの」が意味をもつ文字です。その「それそのもの」の意味を保ちつつ、組み合わさることでさらなる意味を生み出す、特異な文字なのです。であるからこそ、「それそのもの」の意味や、熟語として組み合わさって生み出す意味などをつかませる「語彙指導」でもあるというわけです。

しかし、教育現場では、「文字指導」としてのみ、漢字指導が受け取られているように感じます。例えば、ある漢字を指導する際、せいぜい「書き順」や「部首」を指導して、「あとは練習しておくように」と指示を出します。その後、小テストの問題を教え、「テストするから勉強しておくように」と指示し、数日後テストをする……。これはごく一般的な指導ではないでしょうか。

しかし、このような指導では、「文字指導」の域をまったく出ません。

このような指導の、何が問題なのでしょうか。

それは、教師に「漢字習得は語彙習得でもある」という意識がないため、**漢字ドリルや教科書に出てくる以外の使い方に目を向けさせていない**のです。漢字の使い道は、教科書や漢字ドリルに出てくる熟語や使い方だけではありません。

例えば、「情」のつく熟語は、国語辞典を引けば、「感情」「情景」「情感」「情報」「情操」「温情」「情熱」「激情」「情緒」など、山ほどあります。国語教科書や漢字ドリルに載っている熟語や使い方は、「ほんの一部」なのです。

子どもは、この「ほんの一部」の使い方を知って、その使い方でのみ漢字を書けるようになって、「書けるようになった」と思いがちです。あろうことか、教師もそう思ってしまっているのが問題なのです。「情」という漢字が小テストで「感ジョウが高まる。」と出題されて「情」と書けても、それは「情」の使い道の**「ほんの一部」を知ったにすぎない**、と思わなくてはいけません。

教師が「文字指導」のみの意識でいると、子どもが「感情」と書けたら、この子どもは「習得した」と思ってしまい、それ以上のレベルを子どもに求めることもできません。

すると、どうなるでしょうか。

子どもは、小テストでの使い方のみ覚えていて、それ以上の語彙を増やそうとしません。その結果、「抜き打ち」で、「感情」以外の使い方で出題されたとき、子どもは「情」の字を書けないのです（例えば、「ジョウ景」と出題されたらお手上げなのです）。それは当然です。予告された小テストの練習で、「情」は「感情」に使う、としか覚えていないからです。そもそも「情景」という熟語を知らなければ、書けません。このように、**テスト問題を予告することは、この漢字はこの使い方を覚えればいいよ、という裏のメッセージを子どもに与えることになってしまい、他の使い方に目が向かなくなる**という危険性をはらんでいます。

これが、**小テストはいつも100点なのに、「抜き打ち」テストでは書けない、という状態のカラクリ**です。このような状態では、本当の意味で漢字の力がついているとは言えません。

私の提案する指導法は、この問題に対応しています。「漢字指導は語彙指導でもある」という柱が

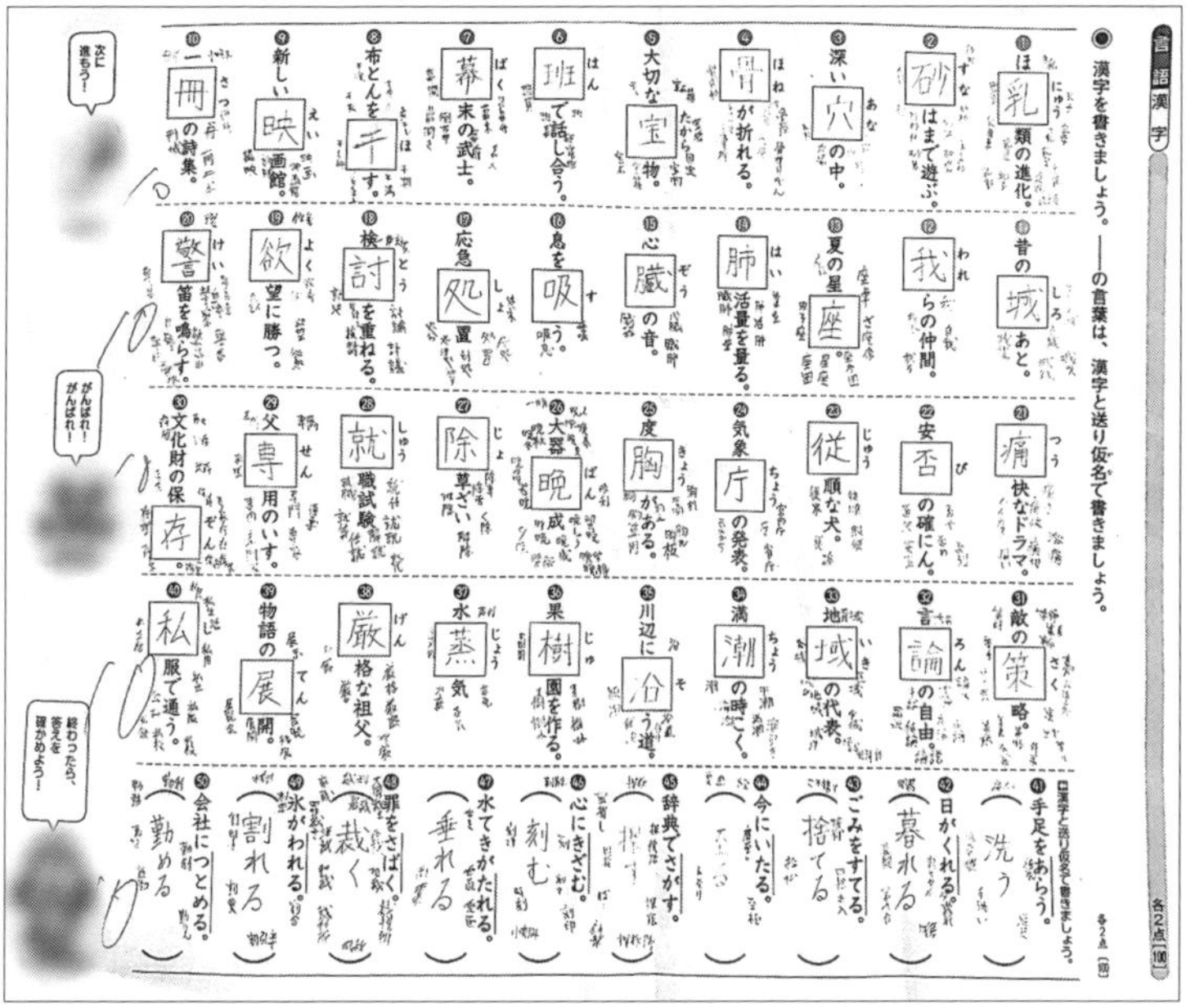
言語漢字

◉漢字を書きましょう。——の言葉は、漢字と送り仮名で書きましょう。

① ほ乳《にゅう》類の進化。
② 砂《すな》はまで遊ぶ。
③ 深い穴《あな》の中。
④ 骨《ほね》が折れる。
⑤ 大切な宝《たから》物。
⑥ 班《はん》で話し合う。
⑦ 幕《ばく》末の武士。
⑧ 布とんを干《ほ》す。
⑨ 新しい映《えい》画館。
⑩ 一冊《さつ》の詩集。
⑪ 昔の城《しろ》あと。
⑫ 我《われ》らの仲間。
⑬ 夏の星座《ざ》。
⑭ 肺《はい》活量を量る。
⑮ 心臓《ぞう》の音。
⑯ 息を吸《す》う。
⑰ 応急処《しょ》置
⑱ 検討《とう》を重ねる。
⑲ 欲《よく》望に勝つ。
⑳ 警《けい》笛を鳴らす。
㉑ 痛《つう》快なドラマ。
㉒ 安否《ぴ》の確にん。
㉓ 従《じゅう》順な犬。
㉔ 気象庁《ちょう》の発表。
㉕ 度胸《きょう》がある。
㉖ 大器晩《ばん》成
㉗ 除《じょ》草ざい
㉘ 就《しゅう》職試験
㉙ 専《せん》用のいす。
㉚ 文化財の保存《ぞん》
㉛ 敵の策《さく》略。
㉜ 言論《ろん》の自由。
㉝ 地域《いき》の代表。
㉞ 満潮《ちょう》の時こく。
㉟ 川辺に沿《そ》う道。
㊱ 果樹《じゅ》園を作る。
㊲ 水蒸《じょう》気
㊳ 厳《げん》格な祖父。
㊴ 物語の展《てん》開。
㊵ 私《し》服で通う。

□漢字と送り仮名で書きましょう。 各2点（20）

㊶ 手足をあらう。（洗う）
㊷ 日がくれる。（暮れる）
㊸ ごみをすてる。（捨てる）
㊹ 今にいたる。（ ）
㊺ 辞典でさがす。（ ）
㊻ 心にきざむ。（刻む）
㊼ 水てきがたれる。（垂れる）
㊽ 罪をさばく。（裁く）
㊾ 氷がわれる。（割れる）
㊿ 会社につとめる。（勤める）

各2点（100）

本書の実践には貫かれています。

例えば、明確に「文字指導」と「語彙指導」とを区別し、子どもに意識的にそのどちらかに取り組ませます（「漢字ノート練習システム編」102ページ〜参照）。また、テストで書けるだけでなく、「語彙」の量へと子どもの意識が高まるような学習活動を創出しました（「漢字学習活動編」132ページ〜参照）。

このような指導を経ると、子どもたちの語彙力は非常に高まります。例えば、漢字テストは上のように、**「抜き打ち」で当然のように100点、かつその他の「熟語だらけ」**になります。また、**「情がつく熟語を10個言ってごらん」と急に投げかけても、平気で10個以上挙げてきます。**

そのような状態だからこそ、「抜き打ち」テストでどのように出題されても書けるのです。

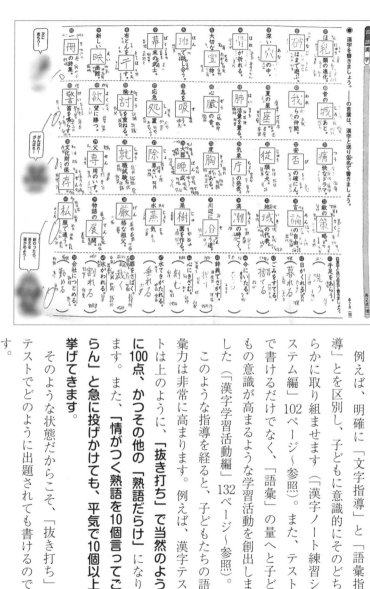

逆に言えば、多くの子がこのような状態でなければ、「抜き打ち」の初見のテストでクラス平均が95点を超えることはあり得ません。

もちろん、漢字指導に「語彙指導」の視点をもつことは、子どもが「抜き打ち」テストで書ける、という利点だけではありません。

子どもがその漢字のつく熟語や使い方をたくさん習得することになりますから、逆に**漢字「それそのもの」の意味を帰納的に、体感的に理解できる**ようになります。

例えば、「情」のつく熟語をたくさん、その意味とともに知っていくことによって、逆に「情」自体がもつ意味への理解が深まるのです。これは、「情」という漢字を指導する際に演繹的に「情という漢字には心や雰囲気といった意味がありますよ」と指導するのとは比べ物にならない威力をもちます。特に、小学生には帰納的な指導のほうが確実に入るのは、読者諸氏はご存知でしょう。

大事なことですから、もう一度書きます。**漢字指導を文字指導のレベルに留めず、語彙指導のレベルで捉えましょう。**

帰納的な語彙学習

温情
愛情
感情
苦情
恩情
激情
これらの熟語を学び，知ることで……
学習者
「情」という漢字は心の動きと関係がありそうだ！

漢字指導は「忘れ」との戦いである

―チェック量の少なさを乗り越えよ

一度教えたから、一度書けるようになったから、といって、子どもがその年度中覚えていられないのが漢字です。野口芳宏先生も著書で述べられていますが、次のように心得ましょう。

漢字指導は「忘れ」との戦いである！

特に、「文字指導」面においては、「忘れ」との戦いです。

それでは、子どもたちはなぜ一度学習した漢字を忘れるのでしょう。

それは、一般的な指導法では、**「チェック量」が少ないから**です。一般的な指導法では、まず1つの漢字を指導します。子どもたちは家で漢字ノートに練習をしてきます。その後、小テストをやります。そこで書ければ、教師は「この子はこの漢字を書けるようになった」と見なしがちです（この現状については先に述べました）。

問題はこの後です。その後、その漢字を書けるかどうか、をチェックする機会はあるでしょうか。ほとんどない、というのが現状です。チェックされないから、練習もしないし、「忘れている」という自覚もないまま日にちが過ぎていきます。

つまり、**「指導したきり」になっている**ということです。

漢字が得意という子であれば、普段の授業で感想を書いたり、作文を書いたりするときに自主的にその漢字を使いながら、しっかり書けるようになっていくかもしれませんが、そうでない子は、使おうとしません。ですから、漢字を習った後は、ほとんど使わずに過ごすことになります。

こうして完全に忘れた頃、抜き打ちでテストをしても書けるわけがないのです。書けないことが分かっているからこそ、テスト問題をあらかじめ配ったり、「勉強しておきましょう」と予告したりせざるを得なくなっているのです。

そこで、**「チェック量」を絶対的に増やす必要**があります。本書ではそのチェックシステムを載せています（「漢字チェックシステム編」90ページ～参照）。


また、チェック量を増やすとともに、**効率的に練習をさせる**ことも重要です。

漢字は「忘れる」からといって、片端からすべて練習させる必要はありません。それでは時間がいくらあっても足りませんし、子どもたちもやる気をなくしてしまいます。**「書けない漢字」だけを練習させる**のです（「漢字ノート練習システム編」102ページ～参照）。

さらに、初めてその漢字を学習する際も、この「忘れる」ということに少しでも対抗した策を練る必要があります。

それは、**「書き順」を徹底して覚えさせる**ことです（「漢字ドリル指導システム編」58ページ～参照）。

佐々木正人・渡部章（１９８３、１９８４）では、漢字文化をもつ日本人のほうが欧米人よりも、文字を想起する際に指を使って書字、つまり空書きすることや、日本人よりさらに多くの漢字を使う中国人は、日本人より一層高い割合で書字することが明らかにされています。

これは何を意味するでしょう。

漢字は、アルファベットなどと違い、指で書いて覚えている、ということです。

つまり、**「体を通して」覚えている**ということです。

この「体を通して」覚えさせるのが、実は「書き順」を徹底させる、ということなのです。

脳科学の見地からも、言葉などによる「認知体験」よりも、「体の動き」の記憶（運動記憶）は忘却しにくい、ということが分かっています（早稲田大学教育総合研究所監修（２０１０）より）。このことを漢字学習にも活用するのです。

例えば「性」を覚えるとき、言葉で「りっしんべんの横に生きる」と覚えるのもいいですが、書き出して体が自然と書いている、という状態のほうがより体に染み付いていて忘れないものです。そうすれば、頭が「忘れて」も、体が思い出します。

もちろん、**体で覚える一辺倒、言葉で覚える一辺倒ではなく、どちらも活用していくことが大切です。とはいえ、まずは書き順です**。つまり体で覚えるほうです。それに加えて部首や構成に注目し、言葉（頭）で覚えていけば、よりしっかり覚えられるでしょう。

このように、漢字指導は「忘れ」との戦いである、と心得て、それへの対策を練っていくのです。

漢字指導で育てたい力とは①

国語科的観点から「漢字習得のステップ」を考える

ここからは、漢字指導で育てるべき力について考えます。

「国語科的観点」からと「教育的観点」から考えてみましょう（特に、国語科では教材内容、教科内容、教育内容を分けて考えてみることは重要です。この区別についての詳しい説明は割愛します）。

まず本項では、「国語科的観点」から考察します。

それはとても単純ですが、**「漢字を読める力、書ける力」**です。

ここで**大切なことは、この「漢字を読める力、書ける力」の内実を教師がどれだけ考察し、把握できているか**、です。「漢字を書けるとはどういうことなのだろう」ということを教師一人ひとりが自分の頭でよく考え、いくつかのステップに細分化できているかどうか、ということなのです。

これは、「漢字習得のステップ」とも言えます。私は次のように「漢字習得のステップ」を捉えています。

漢字習得のステップ

1　見慣れる
2　読める
3　大体の形が分かり、書ける
4　とめ・はね・はらいなど正確な形が分かり、書ける
5　様々な使い方が分かる
6　自分が作文で書くときなどに自在に使いこなせる。

（1〜4）⇔ 文字学習の段階
（5〜6）⇔ 語彙学習の段階

私は、このような6段階を経て、子どもたちは漢字を習得すると考えています。6段階は、大きく「文字学習」と「語彙学習」との2段階に分かれています。

そして、**ここで重要となってくるのが、右の「漢字習得のステップ」の子どもの「具体的な姿」を教師が想定できているかどうか**、です。

右のステップが分かったとしても、子どもが自分から、「僕は大体の形が分かり、書ける、3ステップです」と自己申告してくれるわけがありません。

子どもの様子を見て、教師が判断しなくてはいけないのです。

私は、大体次のような「具体的な姿」を実践からつかんでいます。特にこれらは、子どもが漢字ドリルを見せにきたとき、一対一で「書き順チェック」をした際に分かります。

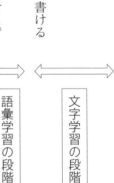

1の段階の子：既習の漢字であっても、まったく読めない。正解を見せても、初めて見たような反応をする。

2の段階の子：音読はでき、漢字の読みテストはできる。しかし、いざ書くとなるとまったく想像もできていない。例えば、漢字ドリルを見せにきて書き順チェックをすると、「そんな漢字あったっけ？」などと口にする。

3の段階の子：書き順チェックの際、分からなかったとしても、正解を見せると「あー、それだ！」と分かっていた反応をする。また、書いた漢字は正しいようで、よく見ると、とめ・はね・はらいなどの細部が違ったり、左右逆になっていたりする。

4の段階の子：とめ・はね・はらいなど細部も正しく書ける。書き順チェックもしっかり正しく書ける。しかし、「この漢字が入った熟語は？」などと聞いてもほとんど答えられない。

5の段階の子：「この漢字が入った熟語は？」の問いにスラスラ3つほど答えられる。しかし、その意味を正しく理解しておらず、日常の作文や授業感想などではその熟語は使えない。

6の段階の子：日常の作文や授業感想でドリルに載っていない熟語を使いこなせている。教師からいきなり「〇〇という熟語を使って文をつくってみて」と言われても、すんなりつくることができる。

このように具体的につかんでいるからこそ、子どもの姿を見て、適切な手を打てるのです。

例えば、私は漢字が特に苦手な子には、3の段階になるまで徹底して「ドリル音読」に取り組ませます。

そうすると、ある日、漢字ドリルの書き順チェックのときに、正解を見せると、

「あー、それだ！　さっきまで分かっていたのに！」

と口にします。このような声が聞かれたら、書けるようになるまであと一歩です。そこからは徹底して、書き順通り、「漢字練習」をさせます。

この**「漢字習得のステップ」は本書に紹介されている実践すべてに貫かれています**。1つ1つの具体的実践、活動に1本の筋を通す「理論」です。

例えば、「1、2」の「見慣れる」「読める」という段階を全員に保障するため、「漢字ドリル音読」という学習活動を創出しました。この段階を経ることで、次のステップを確実に踏めるのです。

また、漢字習得のステップを大きく「文字学習」と「語彙学習」とに分けたことにより、「漢字ノート練習」を、漢字を書けるようになる練習をする「漢字練習」と漢字を活用できるようになるための練習をする「漢字活用練習」とに明確に分けています。

まだまだ挙げればキリがありません。

このように、すべては子どもの姿から、具体的に指導のステップを教師が自分の頭で考え、試行していくことから指導が始まっていくのです。これは漢字指導に限ったことではありません。**しっかり子どもを見て、教師が自分の頭で考えることが重要**です。

漢字指導で育てたい力とは②

教育的観点から漢字指導で育つ力を考える

漢字指導で育つのは、「国語科的観点」から見た力のみではありません。

本書で紹介する漢字指導法で育つ、教育的観点から見た子どもの力を挙げていきます。

まず挙げられるのは、**「粘り強さ」**です。

漢字学習では、練習したらその分だけ結果がついてきます。逆に言うと、「できる」ようになるまで練習しなくてはいけません。ある程度、単調さがつきまといます。また、私は漢字ドリルのチェックを非常に厳しく行うので、子どもたちは何度不合格になっても、「次こそは！」と粘り強くチャレンジし続けないと、漢字ドリルを終えることができません。それを乗り越えて、きっちり練習することで、「粘り強さ」が身につきます。

また、**「丁寧さ」**も身につきます。

本書で紹介する漢字指導法では、漢字ドリルを1ページずつ教師に見せ、合格しなければなりません。その際のチェックは相当厳しいものです。ここで「丁寧さ」が身につきます。「丁寧さ」は他の教科や文章を書くときなどすべてに「転移」します。特に高学年になると、雑にやるクセがついてしまっている子が多くいます。そのような子に対して、漢字指導を通して「丁寧さ」を身につけさせることができます。ドリルの**「合格」を出すのは教師だから**です。主導権を握るのは教師です。きっちり丁寧にやっていない子に対しては「不合格」を出すことで、直すことができるのです。

さらに**「自主性」や「計画性」**も身につきます。

ドリルを自分のペースで空いている時間を見つけて、家や学校で進めなくてはいけませんから、「やりなさい」と言われる前に自分でやるクセがつきます。子どもたちは私の空いている時間を見つけては、「先生、ドリル見せてもいいですか？」と聞くようになり、休み時間でもどんどん持ってきます。教師から、「今日はこの漢字を家で練習してくるように」と課せられたことをやっているときとは雲泥の差です（「みんな、休み時間だから、外に行って遊びなさい」と言っても、「漢字やりたいです！」と自ら勉強するようになるのは、少し困ったことですが……）。

また、ドリルは基本的に「期限」を設けますので、その日までに、「自分のペースだったら1日何ページやればよいか」などと計画する力も伸びます。これは、将来自分で学習を進める際にも使える力です。

これらを通して、ほとんどの子が漢字学習を自分で進め、自分で多くの語彙を獲得していく、「自立した学び手」になっていきます。これは学習指導要領に示されている「学びに向かう人間性」に通じるところがあります。

大事なのは、**教師側に漢字指導を通して「人間を育てるんだ」という意識があること**なのです。

なぜ、今「漢字指導」なのか①

毎日宿題に出されているのに定着していない

漢字指導はすべての教室で行われています。しかし、**それが「徹底」されていることは少ない**ように思います。国語科の授業時間で漢字指導に割ける時間はせいぜい５分が限界でしょう。多くは「宿題」にされているのではないでしょうか。

３、４年生であれば配当されている漢字は200文字を超えます。登校日も同じく200日です。１日に宿題として２文字ほど課し、家で漢字ノートに練習させ、週に一度漢字の小テストを行うために、前日は小テスト練習をさせる、といった具合でしょう。そうすると、毎日の宿題がほとんど「漢字練習」となるでしょう。初任の年、私もそうでした。また、周りの先生方に目を向けると、ほとんどの先生がこのように漢字指導を進めているようです。

はっきり言って、このような指導では、もともと得意な子はそのまま、そこそこでき、もともと漢字が苦手な子はほとんど身につきません。つまり、**この指導は意味がありません**。漢字が得意な子でも「年度末抜き打ち50問テスト」では、100点はほとんど取れません。普通の子は、60点ほど取れればいいほうです（苦手な子は、０点もありえます）。それだけ「年度末抜き打ち50問テスト」は過酷です。ですが、それこそが本当の「実力」なのです（市販のテストには、「全国平均80点」などと書かれていることがありますが、おそらく、「抜き打ち」での結果ではないと思います）。「はじめに」にも書いたように、私自身が、いくつか漢字指導に関する実践発表、講座などを行っています。そこで必ず先生方にお聞きすることの1つが、「『抜き打ち』で50問テストを行っていますか？（できますか？）」ということです。あるときの講座では、20名中0人でした。「抜き打ち」での平均点をもし取ったとすると、全国平均60～70点ほどかそれ以下まで落ち込むのではないでしょうか。

みんな、**ごまかしながらその学年を終え、次の学年に子どもを送り出してしまっている**のです。これでは、教師としての責任を放棄しているとも言えます。

そんな状況を変えるのが、本書の指導法です。本書の指導法では、**毎日の宿題に漢字ノートを出しません。**それでも「はじめに」で述べたように、子どもたちが「抜き打ち」でも漢字をきっちりと書けるようになります。そして、たくさんの言葉を知るようになります。

また、毎日の宿題に「漢字」を出さなくてすむので、本当に子どもたちが家でじっくりと取り組むべき（と、私が考えている）宿題を出すことができます。例えば、「作文（日記）」や「音読」です。いいことづくしの漢字指導の方法と言えるでしょう。

なぜ、今「漢字指導」なのか②

国語科で最も達成感を得やすい事項である

言うまでもなく、子どもたちの学校生活の中で最も多い時間を過ごすのが「授業」です。どんなに子どもたちの関係づくりや楽しいイベントに取り組もうが、肝心要の授業がつまらないものであれば、子どもたちの学校生活を充実したものにすることはできません。

そして、国語科は、全教科の中で最も授業時数の多い教科です。その国語科が子どもたちにとって「つまらない」ものであれば、子どもたちにとって「授業＝つまらない」ということに大きくつながってしまいかねません。それが結局は「学校がつまらない」ということになりかねないのです。

そこで、私自身、国語科の授業改善に取り組んできました。主に力を入れたのは「読むこと」です。教材を何度も読み込み、発問を練りに練りました。そのようにして行った授業は、子どもたちも食いつき、盛り上がりました。しかし、子どもたちに「力」をつけられたか、「達成感」を得させられたか、と言われると疑問が残りました。もともと、教科書の文字面をまったく「読めない」という子は少ないと思います。いきなり本文を読ませてみても、「読める」ことは「読める」のです。主題を捉えたり、段落同士の関係を捉えたりすることももちろん大切な読む力です。しかし、子どもたちにとって「成長する」とは、「読める」→「より深く読める」ということなので、一見分かりにくく、達成感を得にくいのではないかと考えます（付け加えておきますが、「読むこと」の授業で達成感を得させることができない、と言っているわけではありません。事実、私のクラスで「今年頑張ったこと」を書かせると「読むこと」の授業を挙げる子も多くいます。達成感をもたせるのが「難しい」という話です）。

一方、漢字は「できる」という基準が明確です。書ければ「できる」、ということなのです。「できる」「できない」がはっきりしています。「できない」→「できる」を目指す指導なのです。

子どもたちからしても、漢字を書けるようになれば、「できる」ようになったというのが非常に分かりやすいものです。そのため、漢字は**達成感を得やすい**のです。

達成感は子どもを変えます。漢字指導に力を入れてから、子どもたちが変わりました。女子だけでなく、男子も字を丁寧に書くようになりました。また、教室に子どもたちの元気な空書きをする声が聞こえるようになりました。学習に自信のなかった子が自信をもって取り組み、挙手することも多くなりました。分からないこと、できないことに対しても、粘り強く、諦めないで取り組み続けられる子が多くなりました。怒って暴力を振るいがちだったやんちゃな子が、給食を早く食べ終え、漢字学習に取り組むようになりました。私が「読むこと」の授業にばかり力を入れているときは見られなかった姿です。

このように、**漢字指導は、活かし方によっては、子どもたちの学校生活をつくるうえでも大きな意味をもつ**のです。

本当の漢字の力の計り方①

「抜き打ち」でなければ意味がない

自分のクラスの子どもに本当に漢字の力がついているかを計るには、「抜き打ち」テストをするしかありません。

「抜き打ち」テストとは、「予告なし」・「問題を初見」で行うテストのことです。

「来週テストをするので、勉強しておきなさい」と予告した後や「この問題をやるので練習しておきなさい」と問題をあらかじめ渡すことで「取らせた」点は、その子の本当の漢字の力ではありません。このようなテストは、**教師の「逃げ」**です。多分初見ではできないだろうから、と考え予告するのです。

こうした甘い漢字の力の「計り方」をしているうちは、絶対に子どもに本当の力はつきません。

なぜ、「抜き打ち」がよいのでしょうか。

それは、「抜き打ち」で書ける子に育てるためです。そのような力をつけさせるためです。「抜き打ち」で書けるということは、次のような力が育っているということです。

「普段から、自分が書けない漢字を自主的に練習する習慣、その方法が身についている」

「学習した漢字を、普段から作文などで使うなどしている（だから、予告なしでも書ける）」
「様々な漢字の使い方を知っている（だから、初見の問題でも書ける）」

一方、「予告あり」のテストでは、次のような子を育てます。

「教師から、テストがあるから勉強しておくように、と予告されたら、その範囲の漢字を片端から機械的に練習する」
「テストのために漢字を練習していて、普段の作文などでは漢字を使おうとしない」
「テストで出題される漢字を書ければよい、と考え、他の使い方などはあまり知らない」

明らかに前者のほうが漢字の力、語彙の力が高いといえます。そのような力をつけるためには、評価方法であるテストを変えなくてはいけないのです。いつまでも「予告あり」では、子どもは教師から言われてから、「テストのための練習」をするだけで、本当の漢字の力はまったく伸びていきません。

まず、**教師が自分に厳しくなるべき**なのです。

私自身、ほんの数年前まで「予告あり」の漢字テストを当たり前のようにやっていました。しかし、ある日、群馬県の深澤久先生から「漢字の抜き打ちテストをやってみなさい」と言われ、実行したところ、愕然とする結果でした。**満点は一人もおらず、いつも小テストで満点連発の子でも90点を切り**

ました。小テストで50点を切る子などは、もう目も当てられないくらい悲惨でした。本当に子どもたちに申し訳ない気持ちになりました。

それから、様々なやり方を試行錯誤し、今では「絶対この子たちならできる」という自信をもって「抜き打ち」で漢字テストを行っています。

本書の「漢字指導は語彙指導である」や「チェック量の少なさを乗り越えろ」など様々な主張も、その**試行錯誤の中で生まれた**ものです。

本当の漢字の力の計り方②

丁寧でない字はバツにする

「うちの子は字がきたなくて仕方がない」とおっしゃる保護者がいます。あろうことか、同じことを言う教師もいます。

私は、手先や目の見え方に不自由がある子を除けば、多くの場合**「教師が諦めてしまっているから」**そうなると思っています。

先に、漢字指導を通して「丁寧さ」を育てる、ということを述べました（「漢字指導で育てたい力とは②」23ページ〜参照）。教師が単純に、「雑な字は×にする」と宣言し、その通り実行すればよいのです。

雑な字、だと子どもたちには伝わらないので、より具体的に、

「ますからはみ出たら×」

「とめ・はね・はらいがよく分からないのは×」

「薄い、小さいのは×」

と宣言しています。

そして、後はそれを実行するだけです。それだけでも、ほとんどの子は丁寧に書くようになります。

丁寧さを徹底すると、子どもたちは漢字を覚える際、しっかり細部まで見るようになります。とめ・はね・はらいなどや、長さのバランスなどを見るようになるのです。

このような「細部」へのこだわりをもたせることで、子どもたちの字はグッとうまくなります。

ほとんどの子は、怠けて雑に書いているだけです。それは教師が「許して」しまっているから、子どもたちもそのまま雑に書くのを何とも思わなくなってしまうのです。

「丁寧さ」を徹底する最初のポイントは、**テストの「名前」を丁寧に書かせる**ことです。

ですから、年度の初めには、テストをする際、配布した後、次のように指示を出します。

「名前を書けた子から持ってきなさい」

すぐに持ってくる子は、十中八九、不合格です。

「え！　何で！？」

などと子どもは口にしますが、無視して、自分で考えさせます。そうするうちに、丁寧に書いている子が現れますので、

「よし、○○君はテストをやっていいですよ」

と言ってやらせます。些細なことですが、自分の名前を丁寧に書かせることは非常に重要です。

漢字指導で「丁寧さ」を徹底して指導し、それを他の場面に「転移」させていきます。すると、クラス全体が、何事にも丁寧に一生懸命取り組むようになるのです。

画一的な指導は即刻廃止せよ

―「漢字ノート」を全漢字分作成させる＝習得させた、ではない

教師が２文字ほど指定して、あらかじめ指定された形式（例えば、書き順、偏、読み仮名、熟語、例文など）で漢字ノートを「作成」させる宿題は、非常に多くの先生方が出していることでしょう。私自身も初任のとき、同じようにしていました（講座などでアンケートを取っていますが、実に９割ほどの先生方がこの「漢字ノート作成」を毎日の宿題として子どもたちに課しています）。

この「漢字ノート作成」法は、元をたどると、国語教育研究所・神奈川県茅ヶ崎市立松浪小学校共同研究（１９７２）まで遡ります。「漢字カード作り」と呼ばれる学習法だったそうです。つまり、**なんと約50年も前から子どもたちへの漢字練習のさせ方はほとんど変わっていない**ということになります。

そのような漢字練習をさせ、果たして現状はどうなっているでしょうか。

ほとんどすべての教師が子どもたちにこの方法で練習させているにもかかわらず、子どもたちは相変わらず抜き打ちでしっかり点を取れる子には育っていません。それどころか、マンネリ化を生み、教師から一方的に課せられることにより、すでにその漢字を書けるのに練習させられる子などは嫌々やっていて、学習意欲を失っています。また、教師から課せられた文字を練習するため、非常に受動

らせた」だけであり、子どもに定着しているとは言えません。

もうそろそろ、40年以上続いてきた練習法に終止符を打ち、変革すべきなのではないでしょうか。

もちろん、この指導法もそれだけ続き、多くの教師から支持されるほど優れていた、とも言えます。しかし、この練習法を**全員に「画一的に」課すことに問題があります**。

例えば、先に挙げた「漢字習得のステップ」（「漢字指導で育てたい力とは①」19ページ～参照）において、すでに「とめ・はね・はらいを正確に書ける」というステップにある子と、「大体の形が分かる」というステップにある子とでは、明らかにやるべきことが違います。

前者は、「様々な使い方を知る」ことに力を注ぐべきです。つまり「語彙力」を高める段階にあります。一方後者は、「とめ・はね・はらいを正確に書ける」ことに力を注ぐべきです。この場合、まず正確に書けるようになるため、「文字学習」の範疇である、とめ・はね・はらいに注意しながら、書き順通り正確に書く練習をすることが求められます。

このように、その子どもがどういう実態なのか、というのがその子がすべき練習、学習に大きく関わるのです。それなのに、従来の「漢字ノート（カード）作り」は「画一的に」すべての子が同じようにノート（カード）を作成することが宿題として課されています。これでは、漢字が得意な子は物足りませんし、逆に苦手な子には無駄が多いことをさせていることになります。

本書ではこの問題を解決するため、**「漢字練習（文字学習）」と「漢字活用練習（語彙学習）」とを明確に分けて子どもたちに示します**（「漢字ノート練習システム編」102ページ〜を参照）。

また、「漢字チェックシステム」を通して、子どもたち一人ひとりが「今の自分のステップ」とそれに応じた「すべき練習」が分かるようにしています（「漢字チェックシステム編」90ページ〜を参照）。

そうすることで、漢字が得意ですでにほとんどの漢字を正確に書ける、という子は「漢字活用練習」に取り組み、どんどん「語彙学習」に取り組みます。反対に、漢字が苦手で、まだまだ書けない文字が多い、という子は、書けない文字を効率的に練習する「漢字練習（文字学習）」に取り組みます。


最後に、とっておきの情報を1つ。

ある年の前期の終わりに、「宿題として漢字ノート作りをさせていますが、イマイチ効果を感じません」と言っていた隣のクラスの先生に、「思い切ってやめて、ドリルだけやってみたら？」と提案したところ、その先生は後期から漢字ノート作りを宿題に出すことをやめたそうです。前期も後期も変わらず、授業中に漢字ドリルだけはやり、前期はすべての漢字を宿題としてノート作りをさせ、後期はまったくノート作りをさせなかったそうです（ドリルの指導法には、本書の指導法を用いていません）。

結果はどうなったでしょうか。

なんと、クラスの漢字が得意な子は前期後期変わらず抜き打ち50問テストで90点以上を取ったそうです。また苦手な子は、前期後期変わらず「悲惨」な点を取ってしまったそうです。つまり、「漢字ノート作り」は、漢字が得意な子も苦手な子も関係なく、「やろうがやるまいがあまり変わらない」という結果が出てしまったのです。すなわち**「漢字ノート作りを画一的に課すことは教師のアリバイづくりであり、子どもにしっかり漢字の力をつけることはできない」**ということです。

教師が何となく安心したいから、という理由で、安易に、画一的に、漢字ノート作りを宿題に課すのはやめましょう。思い切ってやめてしまえば、宿題としてもっと他のことを課すことができます。子どもの実態にそぐわない単調で頭を使わない宿題ばかりやっていたら、子どもたちの「考える」力は全然伸びません。しかもそれが「画一的に」課せられたものであればなおさらです。全文字やらせる必要はないですし、全員が同じ漢字を練習する必要など毛頭ないのです。

もちろん、漢字練習をさせることは、「書けない子」にとっては必要です。しかし、全員に必要なわけではありません。もうすでに「書ける子」には、「いかにたくさんの使い方を知るか」という観点で学習させるほうがよっぽどいいのです。

また、「書けない子」にとっても、画一的に「この文字を練習しなさい」と指示するのでは、「受動的に」させるだけです。それよりも、自分で「自分が書けない漢字」を見つけさせ、それを練習させるのです。それこそが、今後使える学習の仕方ですし、何より効率が格段に上がります。

全員に、漢字練習ノートにたくさん練習させるよりも、**漢字ドリルにきっちりと取り組ませれば、**

多くの子はしっかり習得することができます（「漢字ドリル指導システム編」58ページ〜参照）。

本書で紹介する「漢字ノート練習」はこのようなことを踏まえたうえで、システム化されています。「画一的な」指導をなくし、漢字練習を効率のよい、子どもたちが主体的に練習する指導へと変えましょう。その具体は第2章をご覧ください。

漢字指導において大切なことは、「勉強の仕方」を教えることである

初任で担任したクラスに、M君という子がいました。M君は非常に明るくて人懐っこくて、みんなの人気者でした。しかし、学習は苦手で、特に漢字はテスト予告をして練習をさせても50点も取れない状況でした。

そんな中、一度だけM君が100点を取ったことがあります。

前日に小テストの予告をし、その練習を宿題に課しました。私はM君に、「たくさん練習すれば必ず100点取れるよ。頑張ってやっておいで」と言いました。彼は家で36枚も練習してきたのです。

彼が100点をとったことが、私はとてもうれしくて、絶賛しました。彼が変わる、と本気で思いました。

「M君100点取れたね！　君はやれば何でもできるんだよ！」

ところが、思いの外、彼の表情は晴れなかったのです。私は「あれ？」という違和感をもちましたが、それがなぜなのかは分かりませんでした。

次の小テスト、彼は他の子と同じ練習量に戻り、点数も元に戻りました。

それから数年間が経ち、彼の表情の謎がやっと分かった気がします。

彼は、「僕は36枚もやって、やっと100点を取れるんだ。こんなの毎回できっこないや」と思ったのではないでしょうか。

このときの私の漢字指導には、**「子どもに勉強の仕方を教える」という視点がまったくなかった**のです。それは、「頑張れ！」という、ただの根性論でした。

漢字学習は、ある意味シンプルです。漢字ドリルなどは、「やり方」をしっかり教えれば、自分で進めることができます。また、漢字練習も、きっちりと「やり方」を教えてあげることが重要です。つまり、効率のよい学習の仕方を教えて、それをしっかりできるようにさせてあげなければいけません。また、その子に合った学習の仕方を教えずに、画一的に「漢字ノート作り」を課すようでは、学習の仕方を教えているとは言えません。

本書の第2章で紹介している「漢字ドリル」や「漢字練習」のやり方を、しっかりと教えてあげることです。

担任をするのは1年間だとしても、しっかり勉強の仕方を教えてあげれば、それはずっと使えます。担任した子どもから、寄せ書きに次のようなメッセージをもらったことがあります。

「先生の漢字のやり方がとっても好きでした。勉強の仕方がわかったし、来年も続けて漢字頑張りたいと思います！」

子どもに「これなら漢字を覚えられる！」という勉強法を授けることは、ある意味究極の「漢字指導」かもしれません。

漢字が苦手な子だけでなく、得意な子にも「苦労」させよ

先のM君はきっと、「僕だけ36枚も練習しないと100点が取れない……他の子は1枚やっただけで100点が取れるのに……」と思ったことでしょう。

一般的な漢字指導では、M君のように**極端に漢字が苦手な子にばかり負担がかかりがち**です。反対に、**物覚えのいい子は、一度練習しさえすれば100点や90点が取れて**しまいます。なぜなら、「予告あり」のテストですから。**要領のいい子はほとんど苦労しません**。これでは、「不公平」です。

苦手な子と同じくらいの「苦労」を得意な子にもさせることが必要です。

この点を解決するためには、先述の「漢字指導を文字指導に留めない」ということが重要です。

漢字指導を「文字指導」としか捉えないから、一、二度練習したら書けるようになってしまう要領のいい子に対しては、それ以上指導の必要がないということになってしまうのです。

そうではなくて、**「語彙学習」にもっていく**のです。たかが字形を正しく書けるようになったごときで満足させてはいけません。例えば、その漢字がつく熟語や使い方をたくさん覚えさせるのです。

「はい、○○さん。『評』がつく熟語を5つ言ってごらん」

と急に聞いても、「はい！　評論、評価、好評、評定、品評です！」と即座に答えられる子に育てる

のです。また、抜き打ちテストで100点は当たり前、いくつ「他の使い方」を余白に書き込めたかで勝負する子に育てるのです。もちろん、すぐにはそこまで育ちません。様々な熟語や使い方を習得するには、そのための練習、学習が必要です（「漢字ノート練習システム編」102ページ～参照）。

むしろ、「語彙学習」のほうが、「文字学習」よりも大変で辛いものになるはずです。何度も何度も国語辞典を引くことになるからです。

このように「語彙学習」までを教師がねらうと、むしろ要領のいい子・漢字の得意な子のほうが苦労するようになります。**「語彙学習」にゴールはない**からです。どんなに言葉を多く覚えて使えるようになったからといって、「はい、これで終わりだね」ということはありません。漢字が得意な子も苦労させる、ということの真意は**「漢字が得意な子にも必死になって取り組むべき課題を与える」**ということです。

そうすれば、**一人ひとりが必死になって漢字学習に取り組む教室をつくる**ことができます。「じゃあ、漢字タイム（土居学級で漢字を学習する時間のことです）にしようか」とひと言声をかければ、自分の課題に必死に取り組みます。辞書をひたすら引く子。漢字練習に取り組む子。友だちに問題を出してもらい、書けるかどうかチェックをし合う子。

我々教師が、どうしたら一人ひとりが「必死に」漢字学習に取り組むか、をよく考えていきましょう。

文化庁「常用漢字の字体・字形に関する指針」をどう捉えるか

漢字指導において、「あいまいさを許容するか」は大きな問題です。パソコンやスマホ最盛の現代において、漢字を厳密に書ける必要性とは何でしょうか。文化庁から出されている「常用漢字の字体・字形に関する指針」によれば、「あいまいさは許容されるべき」とされています。

しかし、私は「漢字指導は厳密にすべきである」と主張します。

理由は次の3点です。

まず1点目に、「指導と評価の一体化」の問題からです。指導したことができるようになっているのかを見取るのが評価です。そして、その見取ったことをさらに指導に活かしていく必要があります。ですが、評価を「あいまい」にすると、指導も「あいまい」にならざるを得ません。「ここは、はねてもはねなくても、どちらでもいいよ」などとすると、子どもは逆に困ってしまいます。

2点目に、あいまいさを許容すると、「丁寧さ」が指導できなくなるからです。漢字指導の大きなメリットの1つとして、子どもに「丁寧さ」を徹底できるという点があります。自分の中で最大限の丁寧さで書かないと合格がもらえない、というルールが本書のドリル指導の重要点です。これを活用して子どもたちが何事にも「丁寧に」取り組むように指導できるのです。あいまいさを許容していては、この点が欠けてしまいます。

最後に、「字をよく見る目」が育たなくなる、ということです。例えば「天」という漢字は、普通は2画目のほうが1画目よりも短く書きます。これは「長短のバランス」をよく観察し、比較しなければなりません。このよく観察し、「比較」するという力は非常に重要です。しかし、文化庁の「常用漢字の字体・字形に関する指針」では、1画目のほうが短くてもよいとされています。そのようにあいまいさを許容してしまっていては、子どもに「字を観察する力」や「比較する力」は育たなくなってしまいます。そうすると、漢字指導がよりつまらないものになってしまいます。

「長短のバランス」などに気づかせることで、子どもは「賢くなった気持ち」になります。ひらがなの「す」の2画目を真ん中からやや右に書くのだということを、「寸」という漢字と絡めて教えると、「そうだったんだ！」と非常に知的な表情を浮かべます。

そうすると、子どもは普段字を書くときにも、「意識して」書くようになるのです。「意識して」文字を書くと、文字を書くことが楽しくなります。何にも考えさせないで、意識させないで「きれいに書きなさい！」と言うから、子どもが余計字を書くのが嫌いになるのです。指導をあいまいにしたらこうなるのは見えています。子どもが何も意識しないで、ぼやっと覚えている漢字を雑に書くようになるのです。

したがって、私は「漢字指導は厳密にすべき」と主張します。

「習っていない漢字は使いません」は即刻辞めるべし

「先生、漢字で書いてもいいですか？」

「習っていない漢字は使いません」

このような指導をする先生がいらっしゃいます。なぜダメなのでしょうか。しっかり指導していないのに使わせると、間違えて覚えてしまうからなどというのが理由でしょう。

ですが、どちらにせよ、漢字1文字を丁寧に、「このように書くのだよ」と指導する時間などありません。また、そのような指導で、クラス全員が書けるようになるわけでもありません。

漢字習得において、大事なのは「慣れる」ことです。習っていない漢字であっても、書けるのであれば書けばよいし、書いてみればよいのです。そうすれば、本当に習う頃には「慣れた」漢字になっています。

しかもこの場合、習っていない漢字を書くという挑戦的なことに取り組もうとしています。その意欲を削ぐような指導はやめるべきです。このような教師のもとでは、絶対に漢字好きな子は育ちません。

できることはどんどんやらせてみるのです。

間違えて書いている場合は、そっと呼んで正しく教えてあげればよいだけです。そのとき、「○○さん、習っていない漢字を書こうとするそのやる気、素晴らしいよ」とフォローしてあげれば、その後も挑戦します。

また、習っていない漢字を、

「先生、『りんじ』って漢字で書きたいんですが、どう書きますか」

と聞いてくるような子には、辞書を引かせます。ここで教えてしまってはいけません。自分で辞書を引くクセをつけさせるのです。「○○さん、漢字で書こうとしたの？　えらいなあ。あることを自分でしたら、もっと偉いんだけどなあ」と言ってあげれば、大体の子が自分で察します。

このように接していれば、何か文章を書かせているときにも必ず、国語辞典を使って、習っていない漢字を書く子が出てきます。

そうすれば、しめたものです。

「○○さんは、国語辞典を使って、わざわざ習っていない漢字を書いているんだね！　素晴らしい！　そういう子が賢くなれるんだよ！」

と、わざと大きめの声で全員に聞こえるように「つぶやき」ます。

このようにして、むしろ、『習っていない漢字も書くぞ！』という気概を一人ひとりの子どもの中に育て、**「漢字をたくさん書けるってかっこいい」という文化を学級に築くべき**です。

新学習指導要領への対応の提案
―「漢字配当表」の捉え方と「語彙指導」について

平成29年告示の新学習指導要領解説国語編では、「漢字指導の改善・充実」が挙げられています。本項では、本書の指導法と新学習指導要領との関わりについて述べていきます。

漢字配当表は「目安」である

漢字を習得させるには、「習っていない漢字もどんどん使わせるべき」であると述べました。**基本的に、新学習指導要領になってもこの方針を変える必要はありません。**新学習指導要領では、学年別漢字配当表が変更されました。つまり、漢字の学年配当が若干変更した、ということです。例えば、4年生の社会科で学習する県名の漢字が、4年生の漢字配当表に追加されました。

しかし、本書の漢字指導にとって、これは大きな変更ではありません。社会科で県名を覚えさせるとき、漢字も一緒に覚えさせてしまえばいいのです。どうせ、いつかは漢字で書けるようにならなくてはいけないのですから、はじめに覚える際に漢字で覚えてしまったほうが早いではありませんか。

このような「先取り」の考えは、大村はま先生もご著書で言及されています。

「漢字配当表」はあくまでも「目安」にすぎません。

「目安」にすぎない、ということはこういうことです。

例えば、1年生でも、1年生の漢字をマスターできたのであれば、わざわざ何もせずに2年生になるのではなく、1年生のうちから2年生の漢字を調べさせて使わせていくのです。現に、私が担任した1年生のうちの何人かは、2年生の漢字もマスターしました。中には3年生の漢字まで完全にマスターした子もいました。

また、ある年に担任した3年生の子は、6年生の漢字までほとんど書けるようになってしまいました。よく私の教室まできて、

「土居先生！　中学生の漢字を勉強させてください！」

と言いにきていました。

逆に、たとえ6年生でも、5年生の漢字どころか、3、4年生の漢字も書けない、という子もいます。そのような子に対して私は、「まず当該学年の漢字を頑張って習得させ、その後、前学年の漢字もカバーする」という方針で指導していました。

もちろん、このような子に対して「当該学年の漢字を習得させる」のは口で言うほど容易いことではありません。ですが、本書に紹介されている指導法でそれを何とか達成したら、ほっとひと息ついている場合ではありません。すぐに、前学年の漢字に手をつけるのです。「当該学年の漢字をできるようになった」という成功体験の後であれば、子どももポジティブに取り組むことができるからです。

5年生で担任したある子は、5年生の漢字を大体習得した後、その勢いで4年、3年の「書けない漢字」に取り組み、最後には「漢字が書けるようになった」と自信をつけて6年生に進級していきました。

「語彙指導の改善・充実」も漢字指導で

また、新学習指導要領では、「語彙指導の改善・充実」が重要視されています。

どれくらい重要視されているかというと、「学習指導要領解説　国語編」の「国語科の改訂の趣旨及び要点」の「(2)　学習内容の改善・充実」のうち、一番初めに「語彙指導の改善・充実」が挙げられているほどです（「漢字指導の改善・充実」は5番目です）。

本書の漢字指導の大きな特徴の1つは、「漢字指導を文字指導に留めず、語彙指導にもっていく」ということだと述べてきたように、**新学習指導要領で挙げられている「語彙指導の改善・充実」も漢字指導においてカバーしていける部分が多くある**のです。

元来、漢字を知ること自体、「文字」の学習でありながら、「語彙」の学習でもあります。

大村はま先生は次のように述べられています。

「つまり漢字が読めるということは語彙を知ることですから、勉という字と強という字の読みを知ったらいいというわけではなくて、『勉強』ということばを知っていくことです。」（大村はま（1994）『教室をいきいきと1』119ページ）

しかし、現状は教師も子どもも、漢字学習を「語彙学習」だと捉えてはいません。**正確に書けるようになったらそれで終わり、ではなく、今度はさらに語彙を増やし、活用できるところまで指導していきましょう。**実践編の「テスト熟語だらけ」などはそのための指導法です。楽しみながら、**子どもがたくさんの熟語や漢字の使い方を知っているという状態をつくり出す**のです。

『小学校学習指導要領（平成29年告示）解説　国語編』は、「語彙の質と量」という表現が出てきます。確かに、「語彙の量」だけが多くて、「語彙の質」、つまり語句と語句との関係の理解や実感を伴った意味の理解がなされていることがないと、本当の意味で「語彙が豊か」であるとは言えないでしょう。

しかし、私は、語彙にも先述の「漢字習得のステップ」のような「習得ステップ」があると考えています。語彙の場合も漢字習得の場合と同様、大まかに「見慣れる」→「読める」→「書ける」→「使いこなせる」というステップなのではないでしょうか。そう考えると、**語彙指導においても、まずは「質よりも量」で、たくさん知るということが大事**だと私は考えます。

学年末にどれだけ書けるかで勝負する

漢字の習得は、学年末にどれだけ書けるか、で勝負することです。

「教えた直後」や「教科書で扱った直後」ではありません。

漢字の得意な子は、学んだ直後、すぐ覚えます。しかし、先述のように漢字は「忘れる」ものです。学年末に忘れてしまっていては元も子もなく、自信をもって次の学年へ送り出す、ということはできません。

一方、漢字の苦手な子は、学んだ直後に、すぐ忘れます。そして、その後「チェック」されることがなければ、その「忘れた」ということに気づくことすらなく、学年末を迎えます。このようにして、自分の学年の漢字をほとんど書けないまま、次の学年へと進んでしまう子が育ってしまうのです。

しかし、「チェックシステム」さえ機能していれば、最低でも、「自分はこの字とこの字が書けない」という自覚をもたせることができます。そして、練習します。

漢字が苦手な子は、そのように練習したとしてもすぐに忘れてしまいますが、粘り強くやっていると、1月頃にはやっとそれが「蓄積」されていき、書けるようになってきます。

この「1月頃」というのは、個人的な体感です。この頃に、それまで苦手だった子も、「グッと」

伸びるのです。学年によっても前後します。高学年になればなるほど、「自分はどうせダメだ」などという「負の遺産」がこびりついているので、時間がかかります。

時間はかかりますが、積み重ねてきたことが人より遅く花開くときが必ずある、ということです。

苦手であれば苦手であるほど、それが遅くなります。

このような背景があるからこそ、「学年末にどれだけ書けるか」なのです。「学年末」の子どもの姿を思い浮かべて指導に当たります。

漢字が得意な子には、語彙力をさらにつけさせ、学年末にさらなる漢字力がついているように。

漢字が苦手な子には、すぐに力がつくなどという高望みはせず、じっくり付き合い、意欲を高め、自信をつけさせ、学習の仕方を教えつつ、絶対に教師は諦めず、「学年末」に少しでも習得できるように。

大事なのは、教師が焦らないことです。

焦ると、子どもを急かすようになってしまい、結果的に子どもの意欲や自信を削ぐことになります。

焦らず、「学年末までに花開くように」と願いながら、子どもを励ましながら進みましょう。

第2章

これで定着！
クラス全員が
必ず書けるようになる
漢字指導システム

図解で分かる！年間漢字学習システム

56～57ページで、「年間漢字学習システム」の全容を図解しました。ここではその概要を述べます。

まずは「読み」の徹底を図る

システムの全容をご覧になっていただくとお分かりのように、まず継続的に徹底して取り組むのは「漢字ドリル音読」です。もちろん並行して「漢字ドリル」も進めていくことになりますが、それよりも最優先して5、6月頃まで「漢字ドリル音読」を徹底します。このねらいは、「とにかく漢字を読めるようになること」です。そして、もう1つ、「漢字を見慣れること」です（この点に関しては「漢字ドリル音読システム編」80ページ～で詳しく述べましょう）。

「漢字ドリル」を漢字習得の中心にする

言わずもがなですが、漢字ドリルが漢字習得の中心です。これを初めてやるときに、徹底的に、やる気をもたせてやらせます。そうすれば、実は多くの子が「書けるように」なるのです。この点に関しては「漢字ドリル指導システム編」（58ページ～）をご参照ください。

「漢字練習」は「チェックシステム」との相互作用で

家で取り組む漢字練習ですが、これは、教師が「今日はこの字とこの字を練習するように」という機械的な課し方はしません。漢字ドリルをやっただけでは忘れてしまう、覚えきれていない字を自分で「ねらって」、練習させるのです。その「自分が書けない字」を認識させるのが「チェックシステム」です。そういう意味で、「漢字練習」は独立して存在するのではなく、「チェックシステム」と相互作用的に存在するのです。「チェックシステム」で自分が書けない漢字に気づき、それを集中的に練習させます。多くの子は、本書で示す漢字ドリルのシステムで練習させれば、それだけでもかなり習得します。抜き打ち50問テストでいえば、80点くらいの実力はつきます。それに加えて、書けない漢字を適切に練習させることで、効率的に実力を上げることができるのです。

重要なのは「漢字熱」を高めること

ひと言で言えば、「子どもたちのやる気」を出させることです。そうすれば本書で示すシステムも2倍、3倍の力を発揮します。そのために楽しい漢字学習活動も行いましょう。

年間漢字学習システム（3学期制の場合）

4月　5月　6月　7月　8月

〈漢字ドリル音読〉
ねらい：読みの徹底

〈漢字ドリル〉〈漢字小テスト〉
・1ページごとに教師に見せる。
・合格したら次のページに取り組める。
・チェックは徹底的に厳しく。
・書き順もチェックする。
・期限日までに自ら進める。
・終えた子は小テストなどへ。

1学期末抜き打ち50問テスト

〈漢字チェックシステム〉
①セルフチェック
②ペアチェック
③全員一斉空書きチェック

⇕ 相互作用

〈漢字練習〉
・漢字練習
・漢字活用練習

漢字熱を高める

9月 10月 11月 12月 1月 2月 3月

〈漢字ドリル音読〉
ねらい：読みの徹底

〈漢字ドリル音読〉

〈漢字ドリル〉〈漢字小テスト〉
・1ページごとに教師に見せる。
・合格したら次のページに取り組める。
・チェックは徹底的に厳しく。
・書き順もチェックする。
・期限日までに自ら進める。
・終えた子は小テストなどへ。

2学期末抜き打ち50問テスト

〈漢字ドリル〉
（12月までに終えてもよい）

年度末漢字抜き打ち50問テスト

〈漢字チェックシステム〉
①セルフチェック
②ペアチェック
③学年漢字一覧テスト早解き＆空書きチェック

相互作用

〈漢字練習〉
・漢字練習
・漢字活用練習

楽しい漢字学習活動（随時）

ドリルにしっかり取り組ませれば必ず書けるようになる

漢字指導の中核が、漢字ドリル指導です（学校によっては「漢字スキル」などと呼ばれることもあるでしょう）。新出漢字を学び、練習する教材を、本書では「漢字ドリル」と統一して呼ぶことにします。

どのように子どもたちにやらせているでしょうか。毎日の宿題で「ドリル○ページ、漢字練習ノートに練習」などとページを指定して、漢字ノートと一緒に宿題に出している先生がほとんどのようです。それを一斉に集めて、一斉に見て……とやるから、チェックが行き届きません。結果、子どもたちは、「雑な字で、いい加減にやっている」となるのです。この傾向は、とりわけ男子に色濃く見られます。逆に言えば、男子が丁寧に、きっちりと漢字ドリルに取り組んでいるクラスは、漢字の力がしっかり伸びているクラスと言えます。しかし、特に高学年ではそのようなクラスはあまり見られません。

本当は、漢字ドリルにきっちりと取り組ませるだけで、ほとんどの子は「書ける」ようになります。そのためには、とにかく、子どもたちに「やる気」をもたせることです。本書で紹介する漢字ドリルのシステムは、次ページのようなものです。

〈漢字ドリルシステム〉3学期制の場合

スタート４月 → ゴール７月

〈子ども〉（※「漢字ドリルの進め方」（60ページ）の項を参照）
決められた「進め方」を知る。自分のペースで進める。1ページごとに教師に見せる。

〈教師〉（※「チェックは厳しく」（64ページ）の項を参照）
厳しくチェックする。書いてある文字がＯＫなら、次はその中から1文字指定して、**空書きさせ、書き順もチェックする。**

〈合格した子ども〉
次のページに取り組む。

〈不合格だった子ども〉
消して書き直す。書き順を間違えた子は、その漢字を3回声に出して書く。再び見せる。

繰り返し

「期限内」に全員が終わらせるようにする。早く終わった子は、「漢字小テスト」や「漢字テスト作成」に取り組む。（※「早くドリルを終えた子への課題」（74ページ）の項を参照）

漢字ドリルシステム①

漢字ドリルの進め方

漢字ドリル指導で最も重要なのが、取り組ませ方です。年度の初め、漢字ドリルを配布するとともに、次の内容を書き込ませ、きっちり指導します。

〈進め方〉（新出漢字）

①音読3回。（読み、文例、熟語）
②書き順の声を出しながら、「大きな漢字」を指なぞり3回。（**「指なぞり」**）
③書き順の声を出しながら、「1、1、2、1、2、3……」と1画目に戻りながら「大きな漢字」を指なぞり3回。（**「書き順練習指なぞり」**）
④書き順の声を出しながら、空書き3回。（**「空書き」**）
⑤1ミリもはみ出さずに鉛筆でなぞる。（**「鉛筆なぞり」**）
⑥丁寧に鉛筆ですべてのマスを埋める。（**「鉛筆書き」**）
⑦1ページできたら、教師に見せ、チェックを受ける。

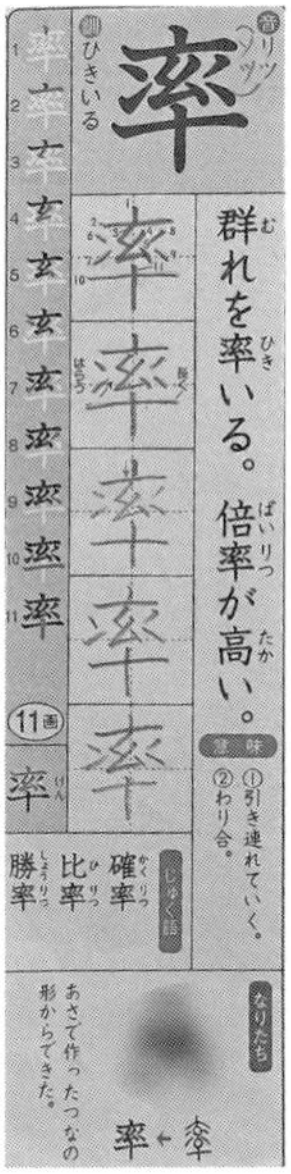

採用している漢字ドリルによって多少異なりますが、どの漢字ドリルでも、上のように、「大きな漢字」の欄、「読み」の欄、「文例」の欄、「熟語」の欄、「鉛筆でなぞる」欄、「鉛筆で書く」欄は必ずあるでしょう。そのため、基本的にはこの「進め方」はどの漢字ドリルを採用していても使えます。

そして、この「進め方」システムのポイントは次の点です。

・教師が1ページ1ページ「厳しく」字と書き順をチェックすること。
・子どもたちは「自分のペース」で進めてよいこと。
・「期限」を設けること。早く終わった子には、次なる課題を用意すること。
・教師から合格をもらったら、次のページに進めること。

これらのポイントを含め、漢字ドリルの「進め方」については、群馬の深澤久先生の実践を参考にさせていただきました。このシステムを取り入れると、確実に子どもの漢字に対する「やる気」が変わります。子どもが自分から漢字学習に取り組むようになります。

年度の初めのうちは、しっかりとこの「進め方」を指導するため、授業時間を使って指導します。その後も数日に1回、全体でチェックするとよいでしょう。その後は、「自分のペース」で進ませます。そのほうが、明らかに子どもたちは、やる気を示します。

そして、自分でペースを考えて、期限までに終えないといけないので、自ら学習に取り組む、「自立した学習者」へと成長するのです。

COLUMN

成功のためのアドバイス①

まずは、点数よりも具体的姿を目指そう

子どもたちの「漢字熱」が高まってくると、給食の後の時間や休み時間など、「自分の時間」を使って漢字学習に取り組むようになります。低学年であろうと高学年であろうと関係ありません。また、漢字が得意であろうと苦手であろうと関係ありません。「やる気になっているかどうか」です。写真は、1年生と5年生の様子です。どちらも、自主的に、給食を早く食べ終え、漢字学習に取り組んでいるのです。

また、上の写真の子はどちらかというと漢字が苦手な子です。下の写真の子は漢字が得意な子です。

平均点が何点、などよりもまずはこのような姿を目指すとよいでしょう。

漢字ドリルシステム②

チェックは厳しく

教師は、**漢字ドリルのチェックを徹底的に「厳しく」**します。

しっかり取り組んでいるかどうかは、その字に表れます。本書で紹介する漢字指導法では、「漢字ドリルにきちんと取り組む」ということは大前提ですので、教師がしっかりとチェックします。教師がしっかりとチェックするからこそ、子どもはやる気をもって取り組むのです。よく、「あまり厳しくやりすぎると子どもがやる気をなくす」と考える先生がいますが、それは正しくありません。教師がチェックをいい加減にやるから、子どももやる気をなくすのです。

教師が厳しくチェックすれば、子どもはスキルを見せにくるとき、「緊張」するようになります。書き順もチェックされるからです。それを乗り越えて合格すると、子どもは嬉々として次のページに取りかかります。

とにかく、この漢字ドリルシステムが上手く働くかどうかは、教師のチェックの厳しさにかかっています。しかも、字を丁寧に書くようになる、などの「副産物」も得られます。

なかなかイメージしにくいと思いますので、実際に私が漢字ドリルをチェックしているやり取りを再現します。

〈再現〉「　」は実際に言っている言葉。（　）内は解説。時間は給食準備中。（年度初めを除き、教師が漢字ドリルを見る時間は授業中にはほとんど取りません）

C「先生、漢字見てもらえますか!?」

私「ああ、いいよ」

C「やった。お願いします（漢字ドリルを開いて、こちらに向けながら。基本です）」

私（まずは、「なぞりがずれていないか」と「字が雑ではないか（とめ・はね・はらい）」をチェックします。それがダメなら、問答無用で、「ダメ」と言ってつき返します。次に、「字が薄くないか」「字が小さくないか」もチェックします。高学年の女子にありがちです。この場合、「丁寧なんだけれど、惜しい。見にくいなぁ」などと言って返します。また、「はみ出ていないか」「長短のバランス」などをチェックします。これらがOKであれば、次に書き順をチェックします）

私「よし。じゃあ、『みなもと』（なるべく短時間でチェックできるよう、私が漢字の読みを言ったら、子どもは空書きする、というシステムにします）」

C「はい！　1、2、3、4、……」

私「よし。じゃあ、音読みは？（プラス課題です。漢字が得意な子にたまに出します。他には「四画目はとめ・はね・はらいどれ？」や、「その漢字がつく熟語を2つ言って」などです。意外と子どもはこういう問題を出されると燃えるものです）」

C「ゲンです！」

私「よし。合格。しっかり覚えているね。（そのページに合格のサインを入れます）」

漢字ドリルシステム③

自分のペースで進めさせる&やらない子への手立て

多くの先生方は驚かれるでしょうが、本書の指導法では、**漢字ドリルは自分のペースで進めさせます**。そのほうが、**子どもがグンとやる気を出し**ます。単元ごとに学習内容が変わる計算ドリルと違い、漢字ドリルは「やり方」さえしっかり指導すれば、後はその繰り返しなので、子どもが自分の力で進められるからです。

スタート時、このことを子どもに伝えると、驚きの表情とともに、ワクワクした表情を浮かべます。**「やる気のある子はガンガン進める」ようにしてしまう**のです。すると、空いている時間などにもどんどんやる子が出てきます。自主的に学習に取り組むようになるのです。

しかし、このシステムを導入すると、全然進めない子が出てくるという問題も生まれます。

漢字が得意な子や、好きな子は放っておいても自分でガンガン進めます。早ければ1ヶ月以内に1冊終えてしまうでしょう。

一方、クラスの1～3割ほどの子は、今まで自分から勉強するという経験をまったくしていないため、「自分のペースで進める」と言われても、できません。

このような子たちのために、私は次のような手立てをとりました。

(1)「学習ペースを計算させる」

下のようなプリントを配り、大体どれくらいのペースで進めればよいのかを計算させ、自覚させました。これだけでも、ほとんどの子が気を引き締めてやるようになります。

漢字ドリルをスタートして少し経ち、一時の勢いが停滞してきたかな、と思われるときに行うと効果的です。

(2) 個人的に声をかける

放っておいてはやらない子には、個人的に声をかけます。例えば、次のような感じです。

「○○君って、漢字できるようになりたい?」

必ず子どもは、

「はい、できるようになりたいです」

漢字学習の振り返り
名前(　　　　　　)

漢字ドリルを配布してから2週間が経ちました。
自分の学習を振り返ってみましょう。

①14日間(2週間)で何ページ合格しましたか。

②あと何ページ残っていますか。

③7月10日まであと81日です。最低限、何日に1ページ合格すればいいか確認しましょう。

④そもそも、この漢字ドリルの勉強のシステムで、あなたにどんな力がつくのでしょうか。思いつくことをたくさん書きましょう。

⑤決意を具体的に書きましょう。

と言います。そこですかさず、

「じゃあ、家で進めないとね。後で一気にやると忘れるのも早いよ。今日どれくらいやってくる?」

と言って、自分で具体的に目標を決めさせます。

「○ページまでやってきます」

と子どもが目標を決めたら、教師がそのページに印をつけて、

「すごいなあ、ここまでやってきたら、大したものだ! 明日、見せてね」

と言って返します。次の日、やってきたら大いにほめ、やってこなければ、もう一度目標を設定しなおします。一度ではやってこないこともありますが、このようなやり取りを繰り返すと、必ずやってくるようになります。


いきなり「このままじゃあ終わらないぞ! 明日までに○ページまでやってきなさい!」と指示するのは、野暮というものです。本書で大切にしている**「やる気」と「自主性」を損ない**ます。

最初に、「できるようになりたい」という子どもの意思を確認しましょう。それが確認できたら、**具体的な目標を自分で設定**させます。私の学級では、このやり方でほとんど全員が期限までに終えられます。

(3) それでも無理な場合は……

これまでに挙げた手立てをとっても、やらない(できない)場合もあります。

このような子には、教師がとことん付き合うことです。

まず、そのような子は、「進め方」がいまだに分かっていない場合があります。そこで、個別に呼び出し、

「○○君、もしかして、漢字の進め方、イマイチ分からない？　先生、少し心配しているんだけれど」

と助け舟を出してあげましょう。そうすると、

「実は……」

という場合も多くあります。授業でしっかり「進め方」を指導しても、こういう子はいるものです。その場合は空いている時間や放課後に時間を取って、一緒にやります。単に「進め方」が分かっていない場合は、一旦分かってしまえば、どんどん自分でできるようになります。

逆に、分かっていても、単なるサボリでやらない場合もあります。期限が近づく前に、クラス全員に対して、「漢字ドリルは期限のある宿題ですから、終わらなかった場合、自分の時間を使ってやってもらいます。自分の時間とは、例えば、休み時間や一人分の給食を食べ終えた後などですね。おかわりを食べる時間は取れないと思ってくださいね」などと「牽制」しておきましょう。絶対にしてはならないのは、期限を守らなくても「お咎めなし」という状態です。これでは守った子が馬鹿をみることになります。期限を過ぎた場合は、休み時間などの「自分の時間」を使ってやらなくてはいけない、というルールを設定すると、この状態を回避できます。しかし、(1)と(2)の手立てを取っていれば、ほとんど(3)は使わなくても済みます。**なるべく、子どもが「自主的」に取り組むようにしていくべき**です。

漢字ドリルシステム④

ノートに強制的に練習させせない

よく学級で出される宿題として、「漢字ドリル○ページ」と、そこに出てきた新出漢字の「漢字練習ノートへの練習」の「セット」があります。

この「セット」の宿題はやめるべきです。

まず、ドリルで初めて書いたにもかかわらず、そのままノートにまで練習させると、一度に多く「書きすぎ」です。一度に多く書かせすぎると、字形が崩れて覚えてしまう、ということは福嶋隆史先生が主張されています。また、一度に多く書くのではなく、数日にわたって少なく書いたほうが覚えられると岡篤先生も主張されています。

「漢字練習ノートに練習させるのは、使い方をたくさん学ばせるためだ」と言う先生もいらっしゃるでしょう。しかし、漢字ドリルで学習する段階は、あくまでも「書けるようになる段階」です。

先に挙げた「漢字習得のステップ」（20ページ）の中では、「4」に当たります。

この段階では、とにかく丁寧に、「とめ・はね・はらい」などに注意しながら、書いたほうがよいのです。

漢字ドリルに加えて漢字練習ノートもやることになると、書く文字数が多すぎて雑になります。そうすると、福嶋先生が主張されるように、間違えて覚えてしまうということが起きてしまうのです。

そのため、漢字ドリルと漢字練習ノートを「セット」にせず、とにかく漢字ドリルに力を入れて取り組ませるようにしましょう。

それだけで多くの子が漢字をとりあえず「書ける」ようになります。

「4」の段階をクリアできるのです。そうすれば、その後は「使い方」をたくさん覚えて語彙を増やすことにつなげていくことができます。

もちろん、漢字が苦手な子は、漢字ドリルにきちんと取り組んでも、すべてを覚えることはできません。そのような子たちには、漢字ドリルを終えた後、漢字練習に取り組ませます。このときも「強制的」「機械的」にやらせるのではなく、書けない漢字を、「意識的に」「効率的に」練習させます。

（詳しくは「漢字ノート練習システム編」（102ページ～）をご参照ください）。

漢字ドリルシステム⑤

書き順を徹底させる

先述のように、**漢字を「書ける」ようになる段階におけるキーは、「書き順」**です。漢字を書く手順を頭だけでなく体でも覚えてしまい、自然と書けるようになるのが「書き順」だからです。

そのため、漢字ドリルを進める際は、「書き順」を重視して指導します。

まず、漢字ドリルの「進め方」では、書き順を声に出して書かなくてはいけません。そうすることで、耳で書き順を聞いてさらに覚えやすくなります。

また、「書き順練習指なぞり」では、「1、1、2、1、2、3、1、2、3、4……」と毎回1画目に戻りながら、最後まで書き順を声に出して指でなぞらなくてはいけません。

やってみると分かりますが、これはなかなか大変なことで、面倒なことです。子どもも、初めはとても面倒くさがります。しかし、きちんとやると、書き順を嫌でも覚えてしまうのです。子どももそのことが分かってくると、嫌がらずにしっかり声を出してやるようになります。

ですから、年度初めの頃の授業で、漢字ドリルの「進め方」を指導する際に、「この方法でやると書き順をきちんと覚えられて、書けるようになるんだ！」ということを実感させるとよいでしょう。

そして、**書き順は、子どもが教師に漢字ドリルを持ってきたときも空書きさせ、チェックします。**

ここで空書きさせるのにも、大きな意味があります。

1つ目は、これまで述べてきているように「書き順」をチェックするためです。ドリルに書かれた漢字を見て、字形が整っているな、と思っても、空書きさせてみると、とんでもない書き順で書いている子も少なくありません。

教科書やドリルに載っている書き順は唯一無二の正解ではありませんが、「上から下」「左から右」など運筆の基本が使われています。そのため、それを体で覚えていくことは、新出漢字を覚えやすくなることにつながります。見ただけで何となく、このような書き順で書くのではないか、と分かるからです。

2つ目に、**空書きは、なぞりよりも「記憶」や「イメージ」を必要とする行為**だからです。なぞるとき、「記憶」はあまり必要ありません。黒いところを指でなぞればいいだけです。それが「空書き」になった途端、覚えていないと書けなくなります。また、頭の中に浮かんだ「イメージ」を空中に再現しなくてはいけなくなります。

つまり、空書きは、**「なぞる」という行為よりも高度だ**ということです。しっかり覚えていて、イメージが頭に浮かんでいないと「空書き」はできないのです。逆に言えば、**「空書き」ができれば、きちんと漢字を覚えている**といえます。

このような理由から、「進め方」の最後や教師のチェックの際に「空書き」をさせるのです。

漢字ドリルシステム⑥

早くドリルを終えた子への課題

第1章で、「漢字が得意な子にも苦労させよ」と述べました。

漢字が得意な子、つまり漢字においてのクラスのトップが、ドリルを終えて満足したり、ドリルに載っている使い方を知って満足したりしているようでは、そのクラス全体のレベルが下がります。「トップの子たちの姿がクラスの漢字の力を表している」と捉え、とことん鍛えて、どんどん先を走らせていきましょう。

土居学級では、ドリルを終えた子には、次のような課題が待っています。

(1) 漢字小テスト（1周目）
(2) 漢字小テスト（2周目）
(3) 漢字小テスト（3周目）
(4) 漢字小テスト作成

実際、(4)までたどり着く子は少なく、クラスで数名です。なぜなら、6月の後半から7月の初めには「漢字練習（漢字活用練習）」が始まるからです。その時期が過ぎれば、次は2学期で、新たな漢字ドリルが配られます。この⑴〜⑷までを、順を追って紹介していきましょう。

⑴ 漢字小テスト（1周目）

このねらいは「復習」です。書けるようになった漢字をまだ忘れずに書けるかどうかを確かめるということです。

下の写真のような、漢字ドリルに出てくる問題を小テストにします。業者によっては、漢字ドリルに付属されている場合もあります。それを活用してなんら問題はありません。もちろん、自分で作成してもよいでしょう。

システムとして、次のことを指導しておきます。

- 漢字ドリル同様、自分のペースでガンガン進める。
- 5問丁寧に書いたら持ってくる（下の段も書く）。
- 間違えたら、3回書き順を声に出して書き、見せる。

5問ずつやらせるのは、持ってきたときの○付けを一瞬で終わらせるためです。そうでなくては、行列ができてしまい

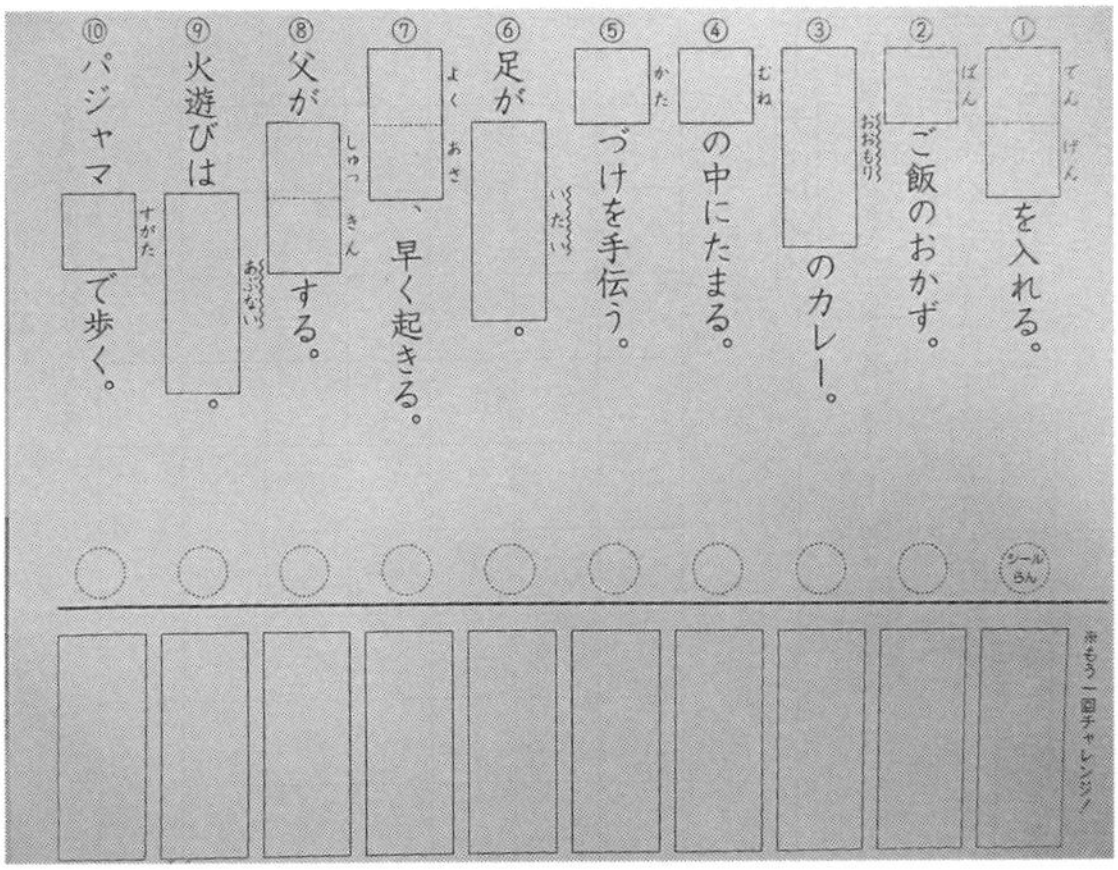

ます。

(2) 漢字小テスト(2周目・3周目)

漢字小テスト1周目を終えたら、同じ紙をたくさん増し刷りしておき、2周目、3周目へと突入させます。下の写真は「2周目」です。2周目以降は、「漢字の使い方をたくさん覚える」ということがねらいです。

「2周目」は、次のようなシステムです。

- 上の段は、丁寧に書き入れる。
- 下の段は、上の段の当該学年で学習した漢字の、他の使い方を調べて書く。辞書を使ってもよい。
- 10問すべて終えたら教師に見せる。
- 教師は、字形をチェックした後、「解のつく熟語を3つ言ってごらん」などと問題を出す。テスト用紙を見ずに、指定された個数が言えたら、合格。次の紙へ。

ちなみに、「3周目」は2周目とほとんど同じですが、下の段には、熟語を使って文を書くことになっています。

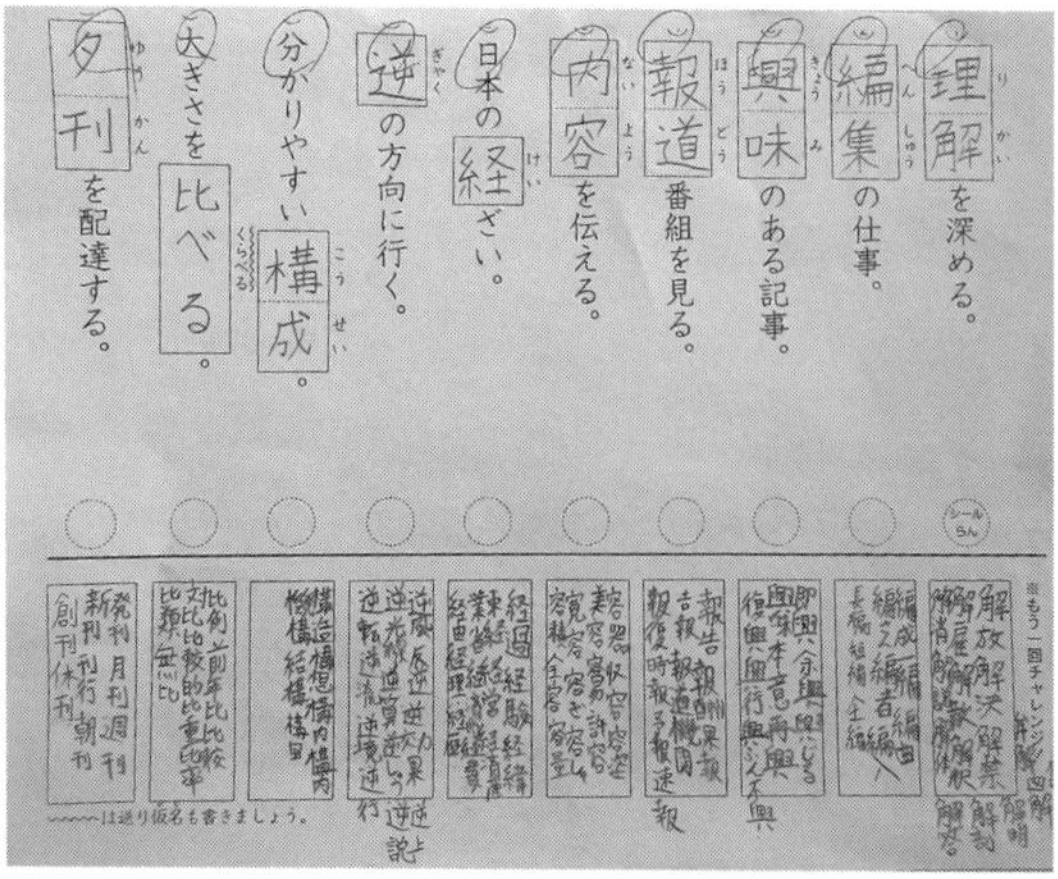

(3) 漢字小テスト作成

数ヶ月経つと、いくらチェックを厳しく行っていても、「3周目」まで終える子が出てきます。そのような子たちには、オリジナルの漢字テストを作成させましょう。次のポイントを指導します。

・漢字ドリルに載っている漢字を出題すること。
・漢字ドリルに載っている使い方で出題すること。
・丁寧に文字を書くこと。

「子どもの足を引っ張らない」とこれまで散々述べておきながら、出題範囲を「漢字ドリル」に限定するのか、と不思議に思われる方もいるでしょう。

あくまでもこの小テストは、「自分のためと友だちのため」に作成することを子どもたちに伝えます。小テストを作成することで、自分の復習になり、それを解くことで友だちの学習になります。「漢字ドリル」の範囲外である極端に難しい漢字を出題すると、友だちの学習にもならないし、自分の復習にもならないのです。

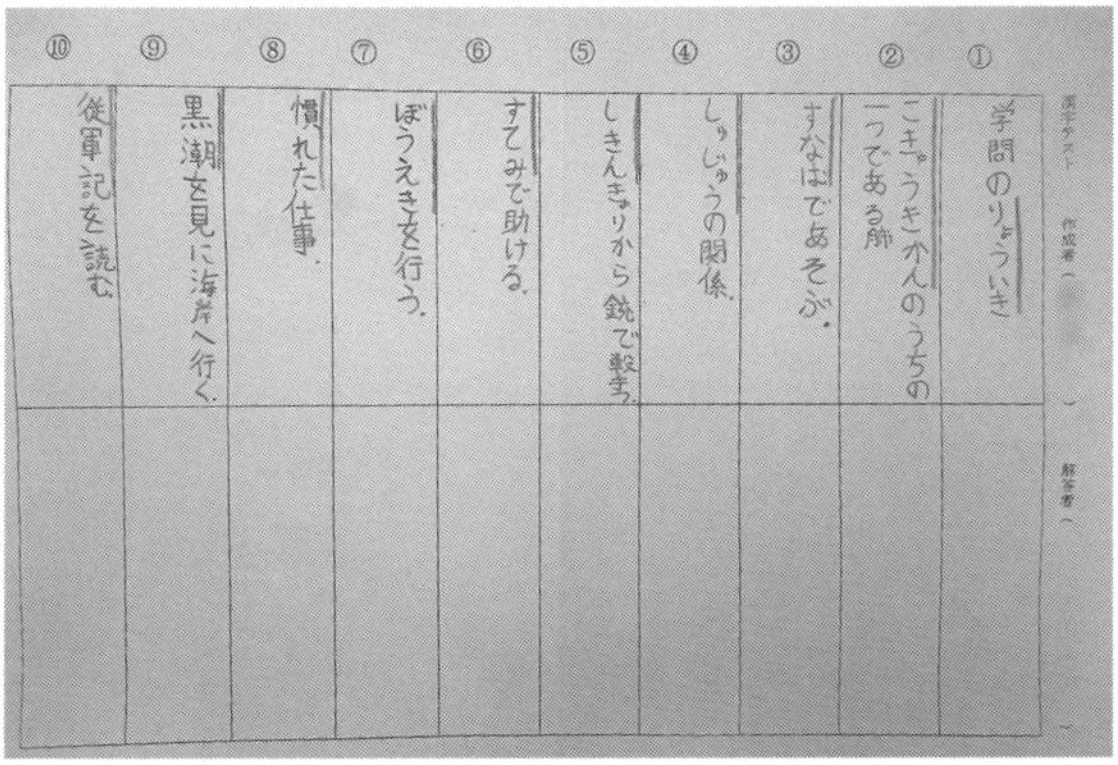
漢字テスト　作成者（　）　解答者（　）
① 学問のりょういき
② こきゅうきかんのうちの一つである肺
③ すなはであそぶ。
④ しゅじゅうの関係
⑤ しきんきょりから銃で撃つ
⑥ すてみで助ける。
⑦ ぼうえきを行う。
⑧ 慣れた仕事。
⑨ 黒潮を見に海岸へ行く。
⑩ 従軍記を読む

子どもに、「何でもいいから自由につくってごらん」と指示すると、そのような極端に難しい小テストをつくってしまうことがあります。範囲を指定することで、スムーズに進めることができます。

COLUMN

成功のためのアドバイス②

どうしても方法が合わない子もいる

「漢字スキルを自分のペースで進めてよい」

「漢字練習は、書けない漢字のみをやる」

など、本書にはこれまでの漢字学習の常識を覆すものが多々あります。

これらの指導を、数年間改善を加えながら実践してきて、感じたことがあります。それは、**ほとんどの子は漢字学習に燃えるようになるが、1人か2人くらいは、どうしてもこの方法が合わない子がいる**、ということです。

そのような子は、前年度までの、ドリルをみんなで同じペースで進め、漢字練習ノートを毎日決められた分だけやってくる、という**「決まりきったこと」をやることがむしろ好きな子たち**です（体感的に、クラスにこのような子は1人か2人は必ずいます）。

そのような子たちにとっては、「自分のペースで進める」ということはむしろ難しく、**やる気を示さないことが多くあり**ました。

そんなときは、**一緒に漢字ドリルを進めるペースを決めてあげたり、漢字練習する文字を相談して決めてあげたりするとよい**でしょう。

「方法ありき」ではありません。あくまでも「子どもありき」で教師が柔軟になりましょう。

漢字ドリル音読システムで「読み」を完璧にする

なぜ漢字ドリル音読を行うのか

漢字ドリルを配布して1ヶ月ほどは、毎時間の国語の授業の初めに漢字ドリル音読を取り入れます。取り組む目的は、**漢字の「読み」の徹底を図るため**です。

また、基本的には全員が取り組め、取り組めば取り組むほど、読めるようになり、タイムも縮まるので、年度の初めに「勉強を頑張るぞ」というクラスの雰囲気をつくるのに最適でもあります。

手順

漢字ドリル音読は、次のような手順で行います。

①4月中（5月頭くらいまで）は、国語授業の初めには漢字ドリル音読をやることを子どもに伝えておく。
②授業開始時刻になると同時に「よーい、スタート」と声をかける。
③子どもは、自分の今取り組んでいる箇所をしっかり声を出して、できるだけ素早く音読する。

教師は、子どもに見える位置においたタイマーをスタートする。
④1周読み終えたら、「はいっ！」と手を挙げ、タイムを記録する。
⑤タイムを記録したら、設定時間になるまで2周目、3周目と取り組む。
⑥2週間ほど取り組んだのちは、漢字読みクイズを出すとよい（黒板に漢字を書いて、「読める人？」と尋ねる）。

指導のポイント

ポイントは、「しっかり声を出す」「できるだけ素早く読む」という2点です。

これを初めに子どもにきちんと伝えます。

伝えた後は、練習としてみんなで1ページ読んでみます。このときに、「全然声が出ていないなあ。全員不合格かな」などと言うと子どもは燃えます。

指導する際、「しっかり声を出して、それを耳で聞いて読み方を覚えるのが、読みを覚えるうえで有効だ」ということを伝えると、子どもはしっかり声を出して読もうとします。

また、「できるだけ素早く読めれば、人より多く読めるよね。そうすると、覚えられる確率が上がるよね」ということも指導し、「できるだけ素早く読むこと」を伝えます。

設定時間

「設定時間」とは、授業で漢字ドリル音読に全力で取り組ませる時間のことです。漢字ドリルの種類にもよりますが、「音訓」だけであれば、素早い子どもは1冊を1分を切って読めます。そのため、長くとも「設定時間」は2分間で十分です。私の学級では、2分間あれば、全員1周終え、3周音読する子が少なくとも半分はいました。

音読する箇所

漢字ドリル音読で音読する箇所は、次の部分です。

①漢字の音・訓読み
②熟語
③例文

①であれば、「かい、こころよい、ぐん、むれ、……」と横に素早く音読していきます。

②であれば、「かいせい、かいちょう、けいかい、ぐんしゅう、……」と音読していきます。

③であれば、「ゆかいなはなし、こころよいおんがく、ガンの

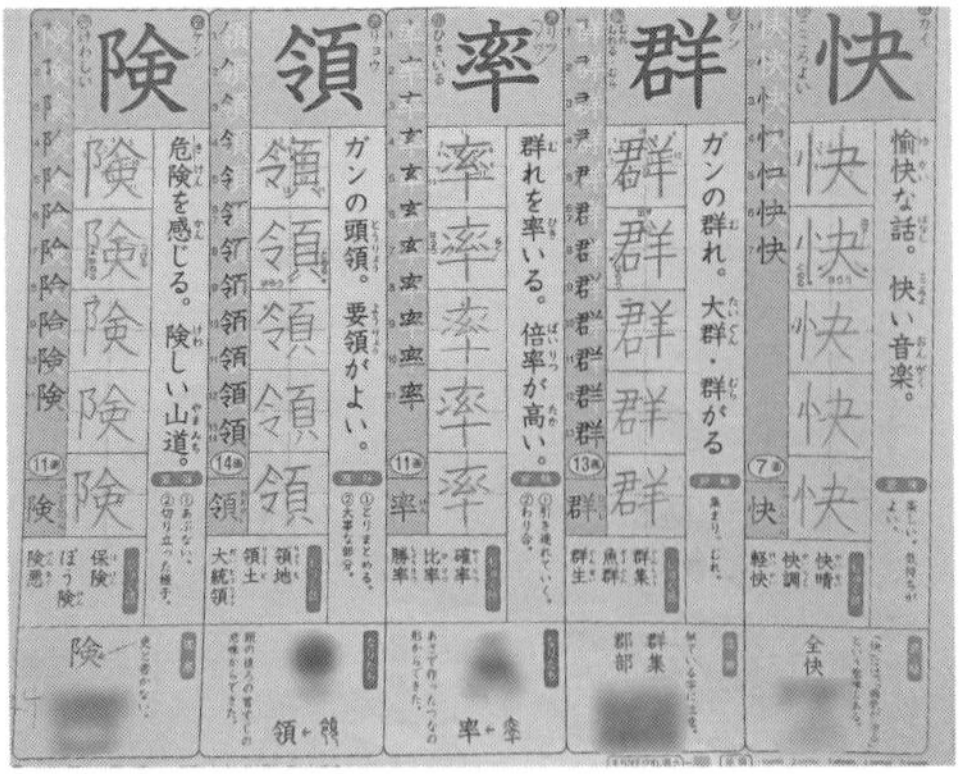

む れ、……」と音読していきます。

基本的に、「新出漢字」のページのみを音読します（テストのページはとばします）。全員①から始まり、その基準タイムを合格したら、次へいけるシステムになっています。

漢字ドリル音読システム図解

【①の音読】
○①の部分を素早く、しっかり声を出して音読する。
○基準タイムを設定し、それを教師に聞いてもらって、合格したら、次のステップにいける。

【①塗りつぶし音読】
○①の部分の振り仮名を塗りつぶした状態で音読する。
○基準タイムを設定し、それを教師に聞いてもらって、合格したら、次のステップにいける。

【②の音読】
○②の部分を音読する。
○基準タイムを設定し、それを教師に聞いてもらって、合格したら、次のステップにいける。

【②塗りつぶし音読】
○②の部分の振り仮名を塗りつぶした状態で音読する。
○基準タイムを設定し、それを教師に聞いてもらって、合格したら、次のステップにいける。

【③音読】
○③の部分を音読する。
○基準タイムを設定し、それを教師に聞いてもらって、合格したら、次のステップにいける。

【③塗りつぶし音読】
○③の部分の振り仮名を塗りつぶした状態で音読する。
○基準タイムを設定し、それを教師に聞いてもらって、合格したら、次のステップにいける。

基準タイムの設定の仕方

漢字ドリル音読を盛り上げるために欠かせないのが、**「基準タイム」の設定**です。

「基準タイム」とは、これをクリアすれば、1つ上のステップにいけるという、合格の基準です。

基準タイムは、漢字ドリルの種類によっても違うので、一概には言えませんが、次のような方法で設定するとよいでしょう。

・教師が初見で本気で素早く読む。その時間に設定する。
・クラスのトップ陣に一度本気で読ませる。その時間マイナス15秒に設定する。

右のように設定すると、子どもにとって「ちょうどよい」目標となります。「ちょうどよい」といっても、**楽ではなく、努力しないと達成できません**。それがミソです。それくらいだと子どもが楽しんで挑戦します。

「基準タイム」クリアを決めるのは教師

クリアかどうかを決めるのは、教師です。必ず教師が聞いて、合格か不合格か判断します。そうでないと、ゴニョゴニョ小さい声でいい加減に読んで合格してしまう子が出てしまいます。

いつ聞いてあげるかは、子どもが「先生、ドリル音読を聞いてください」と言ってきたときです。必ず家で練習して、写真のように、給食の準備時間などに言ってくる子が出てきます。また、毎日の授業でのドリル音読の後に、「誰か、一人で読みたい人？」と立候補させても面白いです。

適応学年

基本的に、**漢字ドリル音読は全学年で活用可能**です。

1年生でももちろん行えますし、6年生でも夢中になって取り組みます（拙著『1年生担任のための国語科指導法』（明治図書）にも紹介しましたが、1年生でも、まだ教科書で扱っていない漢字の読みを98％定着させることができました）。

漢字の読みを徹底する、という意味では同じような活動として、「教科書巻末」の音読活動もあります。私は、どちらも試してみて、漢字ドリル音読の長所だと思う点は、次の点です。

- 1冊読むので達成感を得られる。
- 文字が大きいので読みやすい。
- ページをたくさんめくるので、フラッシュカードのように集中力を保てる。

このような理由から、漢字の読み徹底に漢字ドリル音読を強くおススメします。

漢字ドリル音読システム①

自主学習したい雰囲気をつくる

漢字ドリル音読を素早くできるようになりたいから、

「家で自主的にやった」

とか、

「休み時間にやっていいですか」

などの声が聞こえてくると、そのクラスの漢字に対する熱が高まっています。

このような声が聞かれることそのものは「目的」ではありません。しかし、**このような、「漢字の勉強を頑張るぞ！」という雰囲気をつくれれば、その年度の漢字指導は半分くらい「勝った」も同然**です。

この「熱」が高まってくると、やがて休み時間などに、クラスのどこからともなく、

「かい、こころよい、ぐん、むれ、……」

という声が聞こえてくるようになります。ああ、休み時間にも練習しているのか、えらいなぁと思って、その子たちを見ると、**漢字ドリルを持たずに諳んじている**ことがあります。このような光景は、

私が漢字ドリル音読を漢字指導に取り入れてから、毎年見られる光景です。

それだけ、**漢字ドリル音読は成果も分かりやすく、子どもが夢中になって取り組みやすい活動である**と言えます。

ですが、放っておいてもこうはなりません。

本書に書いてあることを忠実に守りつつ、次のことを意識してください。

- 「トップ陣」に次なる課題を与えつつ、どんどん競わせて取り組ませること。
- クラスの最速記録が出たときやトップ陣が合格して次のステップにいったときなどは、学級通信などで、クラス全体で共有すること。
- 子どもたちに、読みの習得が漢字を書けるようになることにつながることを再三意識させること。

トップ陣の「足を引っ張らず」に、ガンガン走らせつつ、漢字が苦手な子に適切に手を打ちましょう。トップ陣がガンガン進んでいけば、「僕も頑張ろう」という子がジワジワ増えていきます。そうすればしめたものです。そのために、学級通信などで、**情報を共有する**のです。

しっかり取り組めば、国語の単元テストの漢字の読みなどはほとんどすべての子が満点を取れます。

そうした証拠をもとに、「漢字の力がついてきたね」と苦手な子たちとも**漢字ドリル音読の効果を確認**しましょう。

漢字ドリル音読システム②

必ずタイムを記録させる

漢字ドリル音読が、子どもたちにとって楽しいものであるためには、**必ず上のように「タイムを記録」させる**ことが重要です。

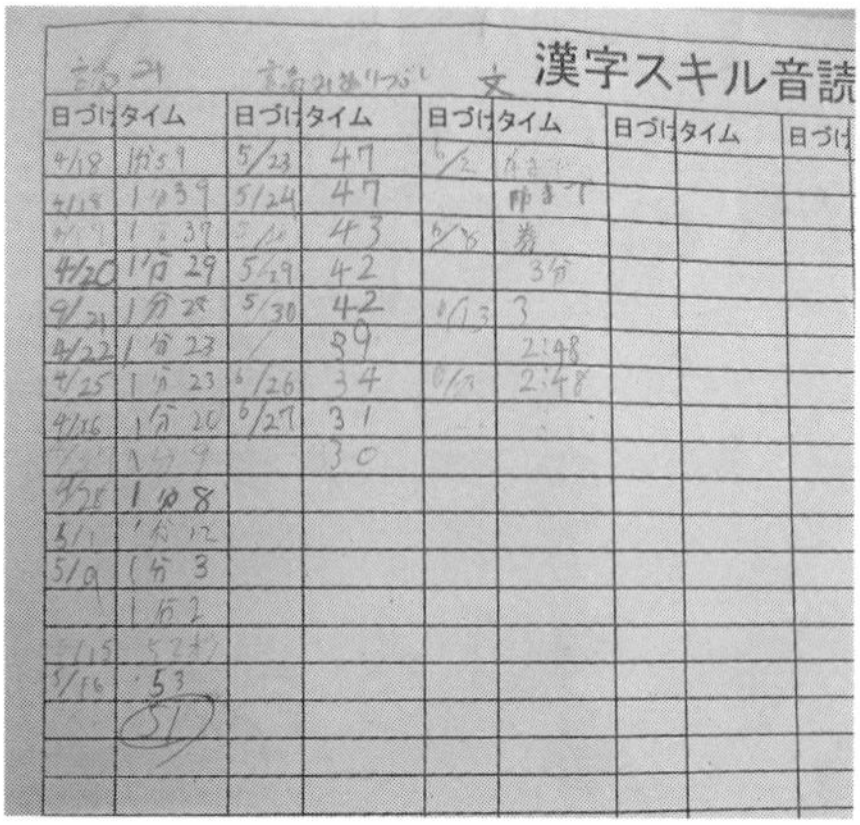

同じところを毎日音読するのですから、繰り返せば、必ずタイムは上がっていきます。どんな子でも最初よりは素早く読めるようになり、

「やった！　1分切った！」

などの声が、漢字が苦手な子からも聞かれるようになっていきます。繰り返していけば、どんな子でも達成感を得られる活動なのです。

ですが、タイムを記録しないと、忘れてしまい、達成感も薄くなってしまいます。したがって、必ずタイムを記録させるようにしましょう。

漢字ドリル音読システム③

授業のルーティンとして取り入れる

漢字ドリル音読をクラスに根付かせ、子どもにきっちりと漢字の読みの力をつけるには、漢字ドリル音読を国語授業の初めの「ルーティン」とすることが有効です。特に、漢字の読みの徹底を図りたい、4、5月は必ず毎回行うようにしましょう。先述のように、「設定時間」は2分ほどですから、すぐに行えます。このように短時間ですから、その後に教科書教材の学習に入ることにもほとんど支障はありません。また、杉渕鐵良先生の提唱される「ユニット授業」の考えにも通じますが、短時間の区切りで授業を構成できるようになるので、子どもの集中力も保ちやすくなります。

さらに、ルーティンにして「繰り返す」ことで、子どもにも確実に力がついていきます。

初めてやってみてうまくいかず、

「あれ……おかしいな」

と思っても、**諦めずに「繰り返し」て、継続してみてください**。子どもが慣れてくれば、授業開始前から、音読の練習をして待つようになるなど、「成果」が表れ始めます。

漢字チェックシステム編

繰り返しの想起で定着を図る

漢字チェックシステムとは

「漢字チェックシステム」は、私の造語です。第1章で、漢字を「教えたきり」「小テストをしたきり」になっている現状がある、と述べました。

この**「教えたきり」の状況を打破するのが、「漢字チェックシステム」**です。

忘れていないかどうか、書けるかどうかをチェックするシステムのことです。チェックする最も簡単な方法は「テスト」ですが、それだと**時間がかかりすぎてしまいます**。したがって、本書で紹介するチェックシステムでは、基本的には、**空書きでチェックします**。

いろいろ試してきましたが、これが最も効率的で無駄のない方法です。しかも、空書きは、紙に書くよりも頭でイメージして再現しなくてはいけない分、難易度が高いため、空書きでパッと書ければ、それよりも難易度の低い紙に書くことはもちろんできるといえるのです。

繰り返し自分でチェックしたり、チェックされたりすることで、**何度も「想起（思い出そうとする）」することになります**。認知心理学でもこの「想起」が記憶を強化するうえで非常に重要だということが明らかになっています（ピーター・ブラウン（２０１６）より）。何度もチェックされ、想起することで、漢字がどんどん定着していくのです。

漢字チェックシステムは漢字練習と連動して

再三述べてきていますが、漢字ノートへの練習、いわゆる「漢字練習」は、機械的にすべての漢字をやらせるのではなく、「書けない漢字」を練習させます。その**「書けない漢字」を見つけるのが「漢字チェックシステム」**なのです。そのため、「漢字チェックシステム」は、「漢字練習」と連動、相互作用をさせなくては意味がありません。

漢字チェックをして、書けなかった漢字を練習する。その後、漢字チェックを再び受けたら、練習した漢字は書けるようになったので、チェックを外す。その代わり書けなくなった漢字があったので、今度はその漢字を練習する……といった具合に、「効率的」に漢字チェックシステムと漢字練習を連動させていきましょう。

このような学習は、将来的に英単語を覚える際などにももちろん使えます。

子どもに、いかにこの学習のほうが効率的で、将来使えるかも話して、意欲を高めるとよいでしょう。

漢字チェックシステム①

セルフチェック

漢字チェックシステムの基本は、「セルフチェック」です。

簡単に言えば、書けるかどうか、「自分でチェックする」ということです。自分でチェックして、書けない漢字を見つけられれば、それが最も「自立的」な学習で、自分の学習する力にもなるからです（なお、これから紹介していく「漢字チェック」は、全員が漢字ドリルを終えてから、つまり、一旦すべて学習した後に行うのが望ましいです）。

活動の手順

①この活動は「書けない（忘れた）漢字」を発見して練習するために行うということを説明する。
②漢字ドリルの読み以外を隠し、空書きできるかチェックする。（97ページの写真のようにドリルとノートを組み合わせて置く）
③書けなかった漢字の上にチェックを入れる。一冊丸ごとチェックする。
④チェックがついた漢字を漢字練習ノートに書き出しておく。※後日、再びチェックする。

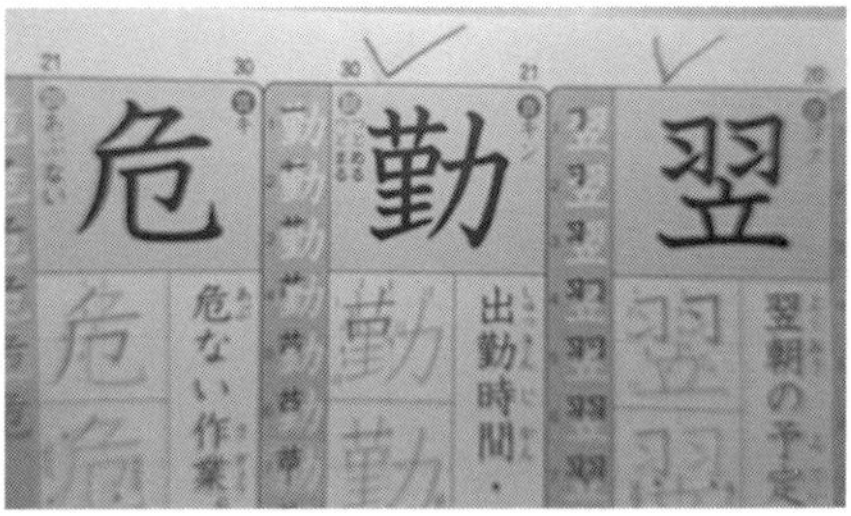

上の写真のように、チェックは漢字ドリルの新出漢字の上に入れます。そして、すぐに漢字ノートに書き出しておきます。あとは漢字練習をするだけ、という状況にしておくのです。あとで書き出しておこうとすると、忘れてしまうからです（詳しい漢字練習の仕方は「漢字練習のやり方」（108ページ～）を参照ください）。

また、後日の再チェックで、書けるようになっていれば、上のチェックは消します。

さて、この「セルフチェック」ですが、クラス全員がこれで「書けない漢字」を見事発見できるわけではありません。漢字が苦手な子に限って、「多分書けるな」ということでチェックせずに飛ばしていってしまいがちだからです。そのため、全体に次のようなことを説明します。

「すぐにパッと頭に思い浮かばないようであれば、一応チェックをしておけばいいんだよ。漢字チェックは心配性なくらいでちょうどいいんです」

このように話して、自分で厳しくチェックさせていくのが「セルフチェック」です。

また、ポイントは97ページの写真のように、「読み」以外を隠すノートの置き方を教えることです。これで多くの子が、読みだけを見て、漢字が書けるかどうか自分でチェックできるようになります。

漢字チェックシステム②

ペアチェック

「セルフチェック」は、苦手な子ほど「書けない漢字」を見逃しがちになってしまう、ということを述べました。

「見逃し」を防ぐため、友だちとペアでチェックし合うのが「ペアチェック」です。これなら、「漏れ」は防ぐことができます。授業中はもちろん、ちょっとした隙間時間にも行えます。

活動の手順

①ペアをつくる。
②一人が出題役、もう一人は空書きする役に分かれる。
③出題役の子は空書きする役の子から漢字ドリルを預かり、問題を出していく。空書きする役の子は出された問題を空書きする。
④空書きする役が漢字を書けなかったら、出題役は預かっている漢字ドリルにチェックをつけてあげる。

⑤漢字ドリルを1周したら、役を交代する。

上段の写真のように、正面から空書きをチェックするのは、子どもにとって意外と難しいものです。そのため、慣れてくるまでは、下段の写真のように、後ろから空書きをチェックするとよいでしょう。

実はこの「ペアチェック」では、出題する側もかなり勉強になります。

例えば、「密」という漢字を出題する際、口頭で伝えなくてはいけないので、単に「みつ」と伝えるだけでは空書きする役に伝わりません。「秘密のみつを書いて」とか「内密のみつ」と伝える必要があるのです。

そうすると、この活動を繰り返しているだけで、たくさんの「熟語」と触れ、熟語を読む機会になるのです。そのうち、その熟語を見慣れてきます。これは、普段本をまったく読まず、漢字も苦手な子にとって、大きな意義があります。**相手に問題を出そうとすることで、自然と熟語を口にすることにつながる**からです。もちろん、「空書き役」の子にとっても「書けない漢字」の見逃しがほとんどなくなり、友だちと関わり合いながら学習できるため、子どもたちに人気の学習活動です。

漢字チェックシステム③

全員一斉空書きチェック

「セルフチェック」「ペアチェック」でも書けない漢字を見逃す子もいます。あるいは、それらでは時間がかかりすぎて、漢字ドリルの最後まで到達できない、という子もいます。

そのような子たちのために、教師によるチェックシステムを紹介します。

「全員一斉空書きチェック」です。

これは、読んで字のごとく、全員で一斉に空書きをしてチェックするシステムです。漢字学習活動の「漢字サバイバル」（134ページ～）のチェック要素を強くした活動ともいえます。

活動の手順

①全員が漢字ドリルの指定されたページを開き、「読み」以外が見えないようにノートなどで隠す。
②教師が最初から1文字ずつ出題していき、子どもは元気よく空書きする。
③1文字書いたらノートを1文字分ずらす。空書きできなかった漢字の上にチェックを入れる。
④漢字ドリルの最後まで、それを繰り返す。

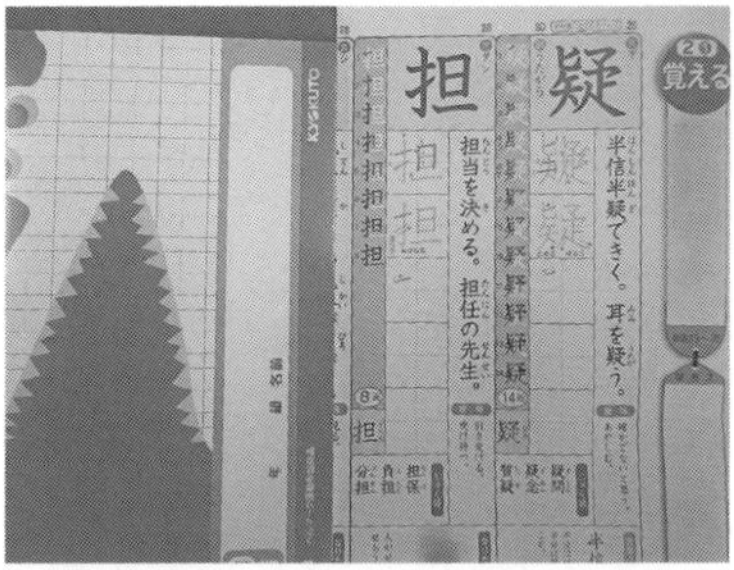

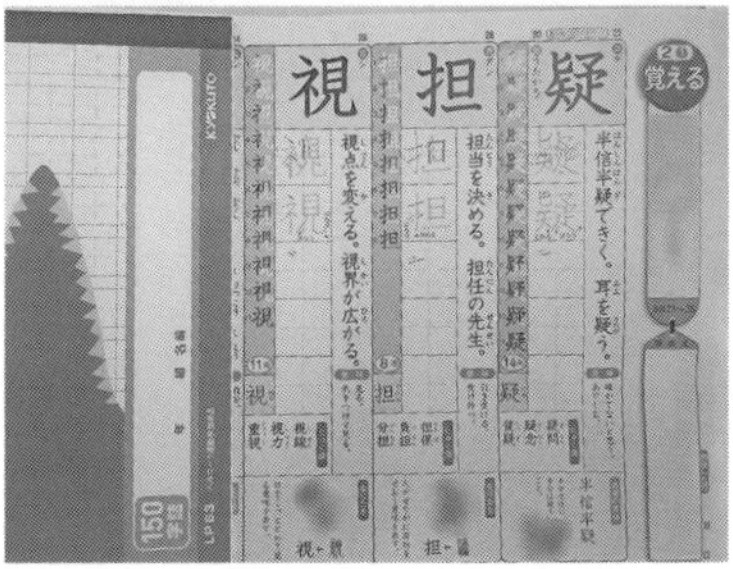

「読み」以外を隠す
（「セルフチェック」のときも同様）

写真のように、子どもにノートとスキルを組み合わせて机の上に置かせます。このとき、漢字の「読み」の部分だけを見えるようにします。

例えば、上の写真では、「担」の次の「シ」という漢字が教師から出題されています。「視力のし」などと出題します。子どもは一斉に空書きしますので、教師はこのとき、よく子どもの空書きをチェックしておきます。ごまかすことのないように「〇〇君、チェックだね」と声をかけたり、「〇〇さん書き順の声が聞こえないなあ」などと指摘したりしましょう。

空書きが終わったら、「ノートを左にずらして」と指示します。

子どもはノートを左に1マスずらして、下の写真のようにします。ここで、子どもは正解を見ますので、書けていなかったら、上にチェックを入れます。

これを繰り返していくわけです。子どもが慣れてくれば、教師からの「ノートをずらして」などの指示はなくてもどんどん進められます。

この方法は、「セルフチェック」を全員で一斉にやる、ということになります。ゆくゆくは自分一人で「セルフチェック」できるようにしていきます。

漢字チェックシステムで自立を目指す

「セルフチェック」「ペアチェック」「一斉空書き」の3つの「漢字チェックシステム」を紹介してきました。

このうち、「基本」とするのが「セルフチェック」です。なぜなら、「セルフチェック」が最も「自然」であり、これができれば、この先自分一人で学習をどんどん進めていくことができるからです。

考えてみれば簡単なことです。誰かが問題を出してくれたり、教師から一斉にチェックされたりして、「自分の書けない漢字」を発見できるというのは「不自然」です。次年度以降、再現がしにくいでしょう。一方、自分で発見する、というのは「自然」で、いつまでも使えて、価値があるのです。それができれば、今後も自分でどんどん勉強を進められます。「自立した学習者」となるのです。ですから、必ず**漢字チェックシステムは、「セルフチェック」を基本とし、それでもできない場合には次の手、次の手、……といった形で提示していく**のがよいでしょう。

実は、「セルフチェック」「ペアチェック」「一斉空書きチェック」は、教師の介入が少ない順でもあるのです。これを、「セルフチェック」という最も教師の手が入っていないものから、**つまり一番難しいものから取り組むのが重要**です。これでできる子たちは、もうこれで進めていけばよいのです。

「セルフチェック」でできない子が多い場合、教師が介入するチェックシステムを導入しつつ、段々手を離していき、最終的には「セルフチェック」や「ペアチェック」で、**子どもたちだけでやっていけるように**します。

または、**初めから一斉空書きチェックでノートの置き方やチェックの仕方を全員に指導していき、段々「セルフチェック」にしていく**、という手もあります。子どもの実態に合わせて指導法を決めましょう。

いずれにせよ、一人ひとりが少しでも「自立していけるように」と考えて、最終的には「セルフチェック」できるように指導することが大切です。

	教師の介入	自然さ	自立度
一斉空書きチェック	多い	不自然	低い
ペアチェック	やや少ない	自然	やや高い
セルフチェック	なし	とても自然	高い

COLUMN

成功のためのアドバイス③

ゴールは、100点でも熟語書き込み400個でもない

漢字指導のゴールは何でしょう。

それは、**子どもたち一人ひとりの「自立」**です。

自立していない子は、自分がどれだけできるのか、できないのかが分かっていません。そのため、今、自分に必要な学習が分からずボーっとしてしまいます。また、漢字学習を頑張るのは今年度だけ、来年度は学習の仕方や情熱を忘れ、元通りになります。

一方、自立できている子は、自分がどれだけできるのか、できないのかを分かっています。そのため、今、自分に必要な学習が分かり、それに向けて、周りに惑わされず邁進しています。

写真は、雑然としているように見えますが、授業中です。少し時間があまったので、「漢字を勉強していいよ」と投げかけた後です。これは2月ですので、だいぶ「育って」きており、**自分に必要な学習を選んで行っています**。机で

「漢字練習」をする子。何人かで、「漢字チェック」を行う子。一番手前の二人は、嬉々として自分と同じレベルの子と「熟語対決」を行っています。**サボっている子は一人もいません**。このように、一人ひとりが「自立」することを、目指すべきだと思います。

また、抜き打ちテストの1ヶ月前くらいに、クラス全員に「何点を目指すか」と「何個熟語書き込みを目指すか」をインタビューしたことがあります（数日前にインタビューをすると、テストを近いうちにやると予告しているようなものなので、一ヶ月空けました）。

その「目標点」と実際の「平均点」を比べると、ほとんど変わりがありませんでした。それだけ、**「自分のことが分かっている」**と言えるでしょう。このような姿を「ゴール」として目指すべきです。**自分のことが分かっているからこそ、今何をすべきかが分かる**のです。

そして、このように育った子たちは、このクラスを離れても、自分でガンガン漢字学習を進められます。前年度担任した子に、廊下で次のように話しかけられたことがあります。

「土居先生！　今回の50問テスト、200個いきました！」

あまりにも急で、しかも久しぶりに話したので、私は一瞬何のことか分かりませんでした。よく話を聞くと、抜き打ち50問テストで、200個の熟語を書き込んだということでした。担任が変わっても「テスト熟語だらけ」を実行していて、しかも200個という目標を立てて「漢字活用練習」に励んでいたそうです。点数を聞くと、

「そんなの、100点に決まってるじゃないですか。何言っているんですか！」

と怒られてしまいました……（笑）。とても「自立」している姿だと思います。

図解で分かる！漢字ノート練習システム

本書では、書けない漢字の字形を練習しなおす「漢字練習」と、すでに書ける漢字の使い方を徹底的に練習する「漢字活用練習」の２つを、漢字ノート練習として提案します。

その二つの関係を図で示すと、次のようになります。

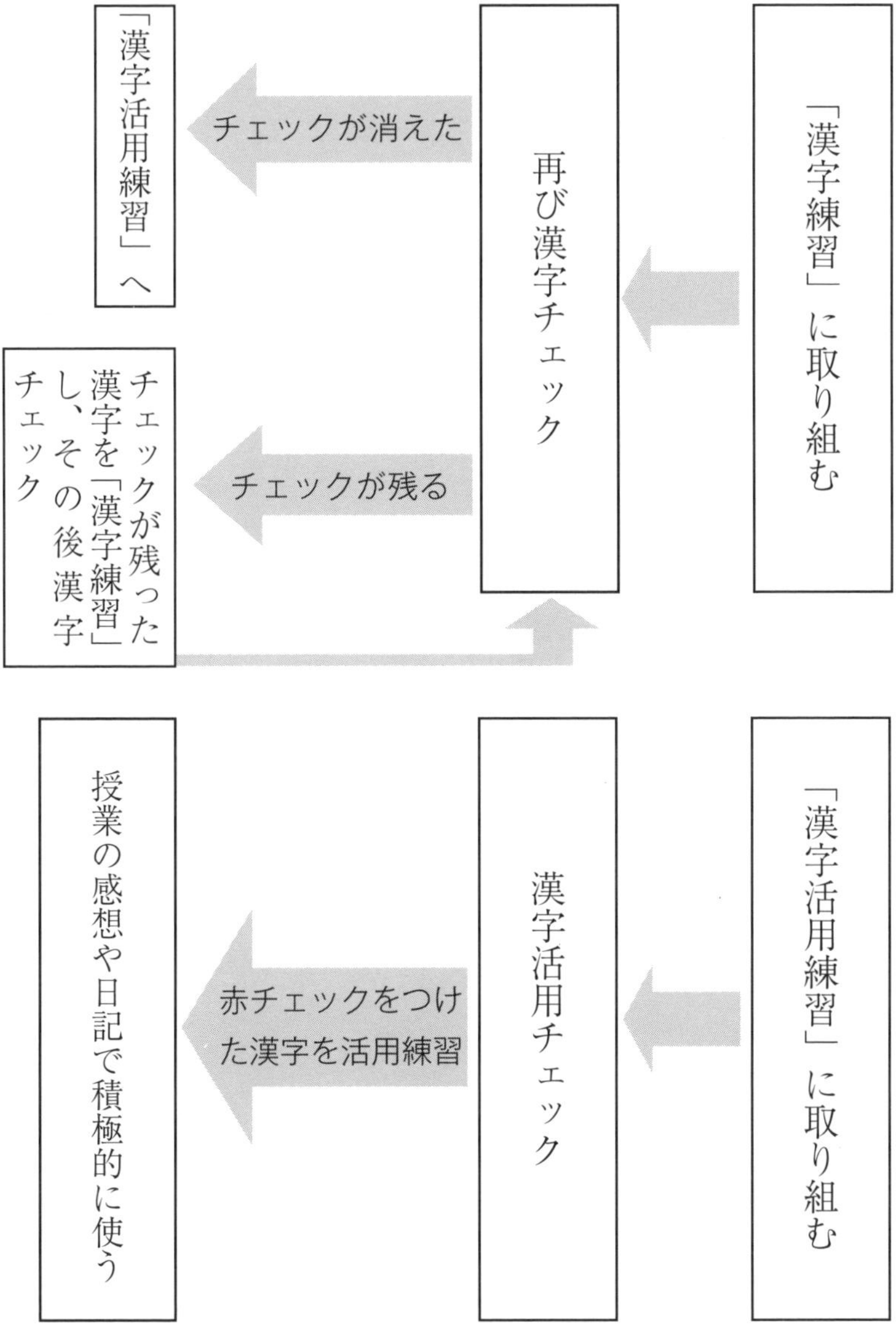
「漢字練習」に取り組む
再び漢字チェック
チェックが消えた
「漢字活用練習」へ
チェックが残る
チェックが残った漢字を「漢字練習」し、その後漢字チェック
「漢字活用練習」に取り組む
漢字活用チェック
赤チェックをつけた漢字を活用練習
授業の感想や日記で積極的に使う

「漢字練習」と「漢字活用練習」を分けることで全員画一的な宿題を廃す

本書の指導法では、全員に画一的に、

「今日はこの漢字を練習してきなさい」

と宿題として課すのを廃します。

子どもたちのやる気、自主性、自立して自ら学ぶ力などを削いでしまうからです。

ですが、「画一的な指導」がいくらダメだからと言って、それでは子どもたちに、

「今日の宿題は、自分の好きな漢字を自由に練習しておいで」

と「丸投げ」するのももちろんいけません。そのような指導でも多くの子はやる気を失います。また、力もつきません。

私は次のようにしています。

まず、前ページで図解したように、「チェックシステム」によって子どもたちに、自分が今どれくらい漢字を書けるのかを把握させます。同時に、自分が練習すべき「書けない漢字」を発見させることで、後々効率的に漢字練習ができるようにしておきます。

そして、次ページから紹介する「漢字練習」と「漢字活用練習」のやり方と目的をきっちり指導し、

理解させます。そのような、**自分の状況とやるべきこと、そしてそのやり方と目的をしっかり理解させて、初めて、漢字を家で練習する宿題を課す**のです。

書けない漢字が多い子は、「漢字練習」に取り組み、すでにたくさん書ける子は「漢字活用練習」に取り組みます。全部の漢字を宿題に課すわけではありませんから、**漢字ドリルが終わり、「チェックシステム」を開始した後、週に1〜3回、実態に合わせて出す**ことにしています。

子どもたちは今まで漢字が得意な子も苦手な子も、同じことを「画一的に」課されていたのが、自分の実態に合わせて練習する内容を変えることができるようになります。自分の状況とそれに合わせた学習の仕方を「意識的」に選択して取り組みます。また、画一的に課された漢字を練習するのではなく、「自分が書けない漢字」を意識して練習します。このやり方のほうがずっと子どもが今後「自立して」学習していけるようになります。

また、「漢字練習」にせよ「漢字活用練習」にせよ、一度や二度では子どもはしっかり書けるようになりません。なので、**宿題を課した翌日の朝、私は一人ひとりに漢字ノートを持ってこさせて、一対一で確認することにしています**。「あなたは漢字練習だよね。丁寧に、少なく、だよ。きちんと交互に書いたかな」「あなたは漢字活用練習だよね。熟語を書き出したら、意味も調べて、例文をつくるんだよ」などと言って確認しながら、**特に初めのうちは、一人ひとりがしっかり取り組めているかを厳密に確認**します。こうした指導があって初めて「宿題」は機能すると考えています。

実物ノートで見る「漢字練習」のやり方

本書での「漢字練習」は、「書けない漢字の字形を書けるようにする」練習のことです。ですから、前述のようにあくまでも「書けない漢字」を練習します。そして、その書けない漢字は、漢字チェックシステムで発見させます。その具体的な練習のさせ方は次の通りです。

ポイントは、**「1日に多くの漢字」「少ない回数を丁寧に書く」「交互」**ということです。

まず、「漢字練習」は、一度に1文字とか2文字をやっても意味がありません。

前提として、「漢字練習」を必要とするのは、漢字スキルをきっちりとやったのにもかかわらず、書けない漢字（チェックのつく漢字）がたくさんある子です。「たくさん」書けない漢字があるのに、1日に1文字だけやっていたのでは到底追いつきません。しかも、福嶋隆史先生は、**漢字1字単位で練習すると「字形が崩れる」「読み方を覚えにくい」などの弊害**を述べておられます（福嶋（2017）より）。

漢字練習と聞くと、何度も何度も書くことをイメージされるでしょうが、それも雑になってしまい、あまり意味がありません。書き順を意識しながら、声に出して丁寧に少ない回数を書かせるほうが効果的です。

そして、1文字をずっと書き続けるのではなく、何文字かを交互に書いていくほうが書けるようになります。そうすると、途中に「思い出す」という行為が入り、記憶が強化されることを福嶋先生も主張されています。また、脳科学の見地からも、単純な反復練習よりも、**「変化」をつけた反復練習のほうが身につきやすい**ことが明らかにされています（ベネディクト・キャリー（2015）より）。一方、1文字をずっと書き続けていると、途中に「思い出す」という行為が入りません。それでは、いざというとき（テストや作文のとき）に「思い出せない」のです。

「快」を書けるようになる練習の例

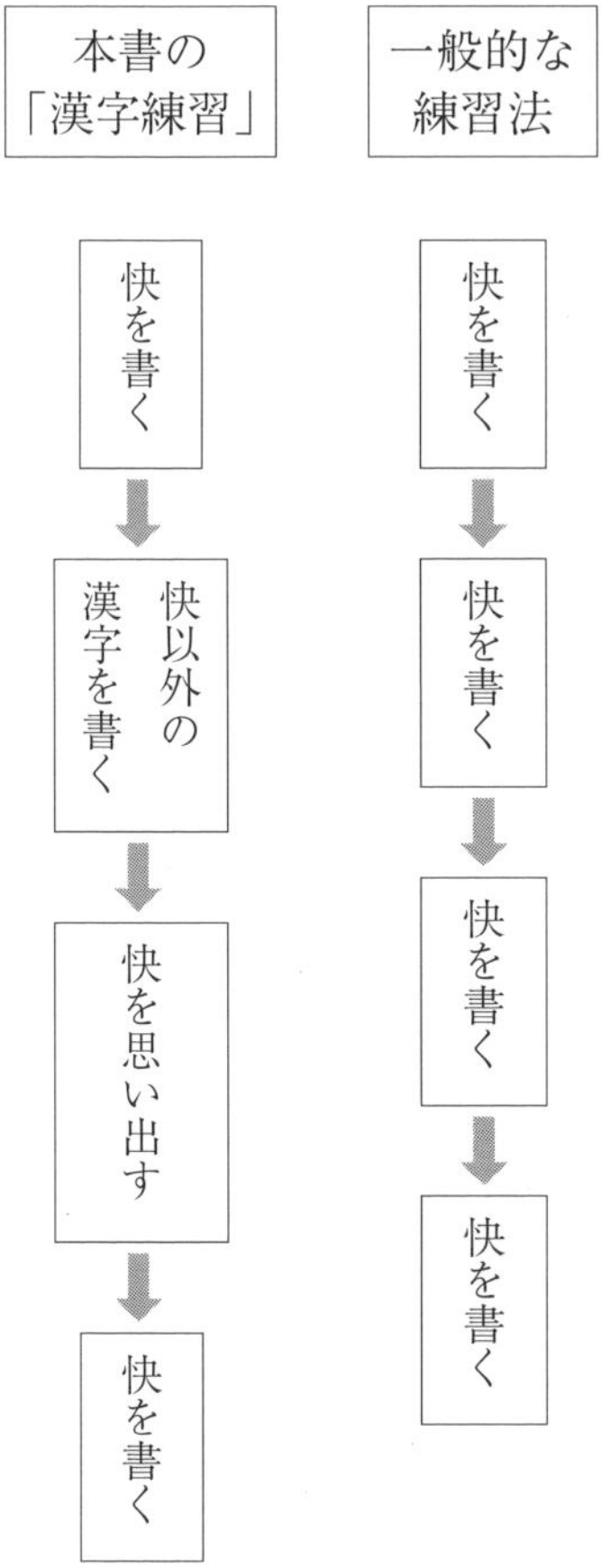

「漢字練習」の手順

それでは、実物写真を見ながら、具体的に「漢字練習」の手順を紹介していきましょう。「チェックシステム」によって、下の5文字にチェックがつき、「書けない漢字」として発見されたとします。

①4マスを使って、「書けない漢字」を書き出しておき、隣に読み方を書く。

②「晩」を書き順を声に出して、1回**ゆっくり丁寧に**右下に書く。

③その左に漢字ドリルに載っている熟語を1つ、書く。（例：「今晩」）

④隣の「片」という漢字に移り、書き順を声に出して「片」を1回**ゆっくり丁寧に**書く。

⑤その左に熟語を書く。以下、その繰り返し。5回ずつ練習したら、日付を書いて終了。

⑥後日（必ず何日か空ける）、同じ手順で練習を繰り返す。

⑦5回ずつ練習したら日付を書いて終了。

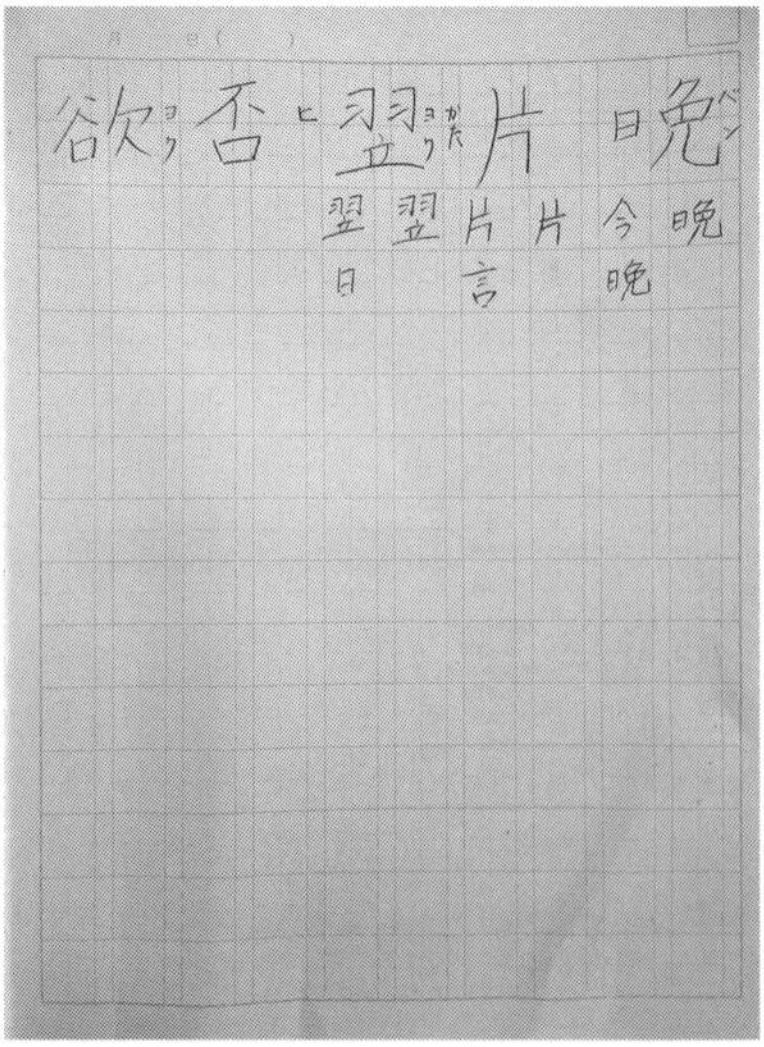

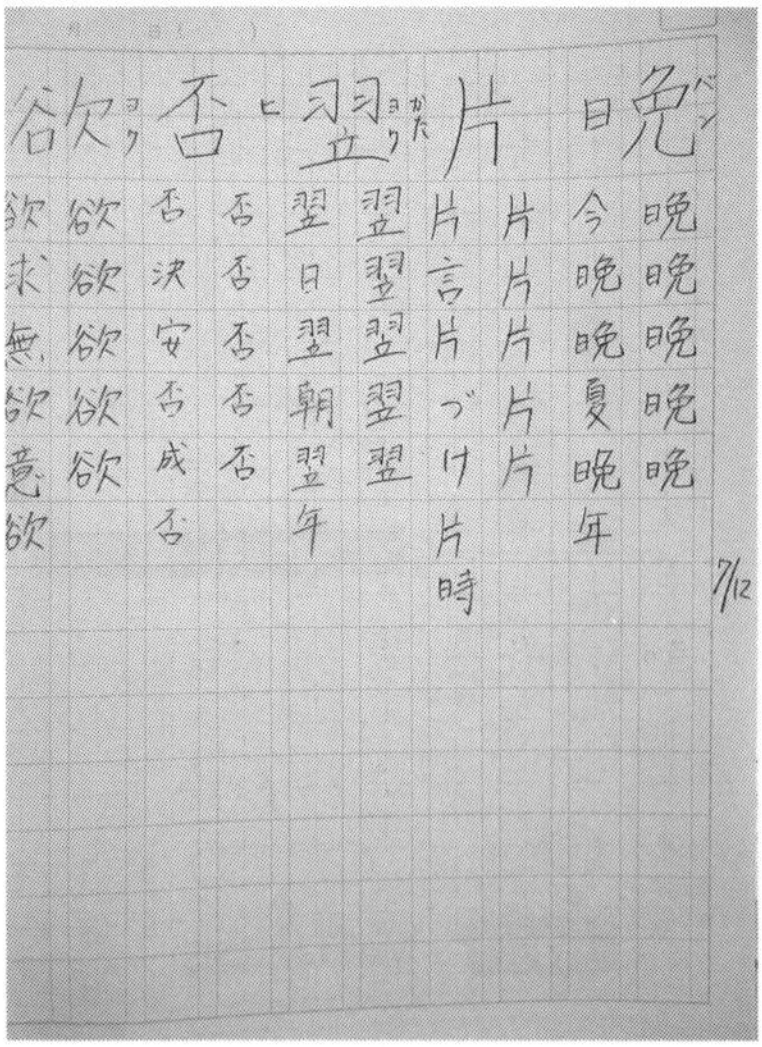

この「後日、繰り返す」というのも非常に重要です。後日、もう一度練習することで「思い出す」という行為を入れています。

熟語や使い方は、この段階では、漢字ドリルに載っているものを書いてよいとしています。使い方をたくさん学ぶことは、この「漢字練習」の主目的ではないからです。

子どもによっては1回書いて横に進む、だけでは覚え切れない子もいます。そのような子には、2回ずつ書いて横に進もうなど、多少のアレンジを加えてみてください。

また、書けない漢字が何ページ分もある子は、1日2、3ページごとに区切って練習させるとよいでしょう。

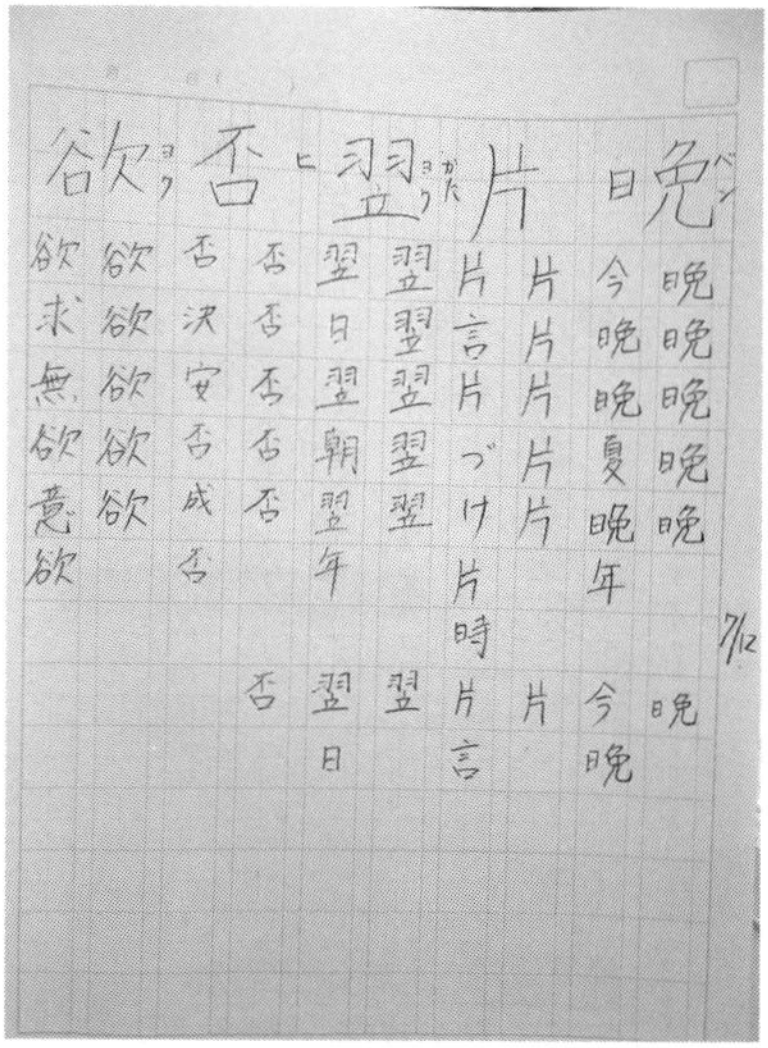

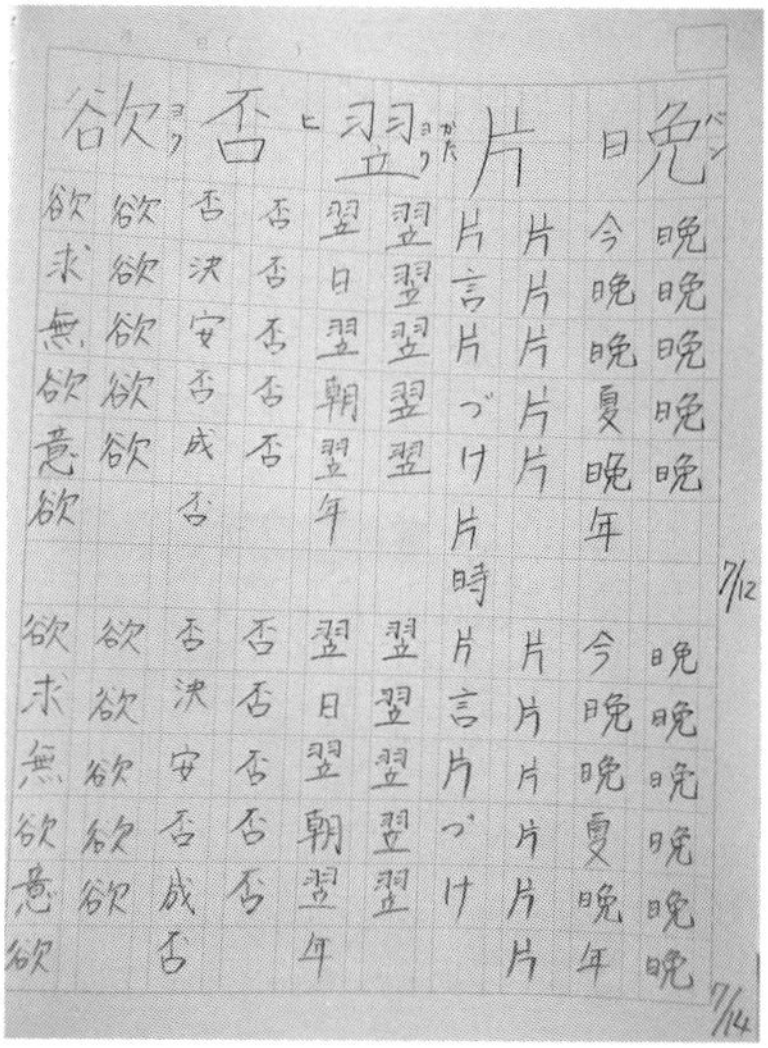

実物ノートで見る「漢字活用練習」のやり方と効果

「漢字活用練習」は、書けない漢字がほとんどない、あるいはなくなった子が取り組みます。目的は、熟語などの漢字の使い方をたくさん知ることです。

「漢字活用練習」の手順

漢字活用練習の手順は、漢字練習よりも単純です。

①活用練習する漢字を決める（次ページ写真の場合「報」）。
②「報」がつく熟語や使い方を調べ、ノートにたくさん書き出す。
③その熟語の意味が分からない場合、熟語の意味を調べ、その熟語の下の（　）に書く。
④調べた熟語を使って、例文を書く。

この「漢字活用練習」は、本書の主張の1つである「漢字学習を語彙学習に！」というものの具体です。ここで培った「語彙力」が抜き打ち漢字テストで悠々100点、書き込み400個越えという「結果」につながってくるのです。

「漢字活用練習」は、「漢字練習」に比べ、非常に時間がかかる作業です。辞書などで活用練習をしている漢字の入った熟語を調べて書き出して、そこから、もう一度今度はその熟語の意味を調べなくてはいけないからです。

しかし、この作業がとても大切で、ただ熟語を書き出すだけでは意味がありません。

「先生、昨日の休み、1日中漢字活用練習していました」

などという子どもが続出します。中には、

「先生、源という漢字だけで漢字ノート20ページ使っちゃいました！」

という子も出てきます。

「やる気」さえあればいくらでも取り組める課題なのです。

指導のポイント

まず、低学年で実施する場合は辞書（小学生用）を使ってもよいということにしましょう。

「ドリル以外で見つけてごらん」

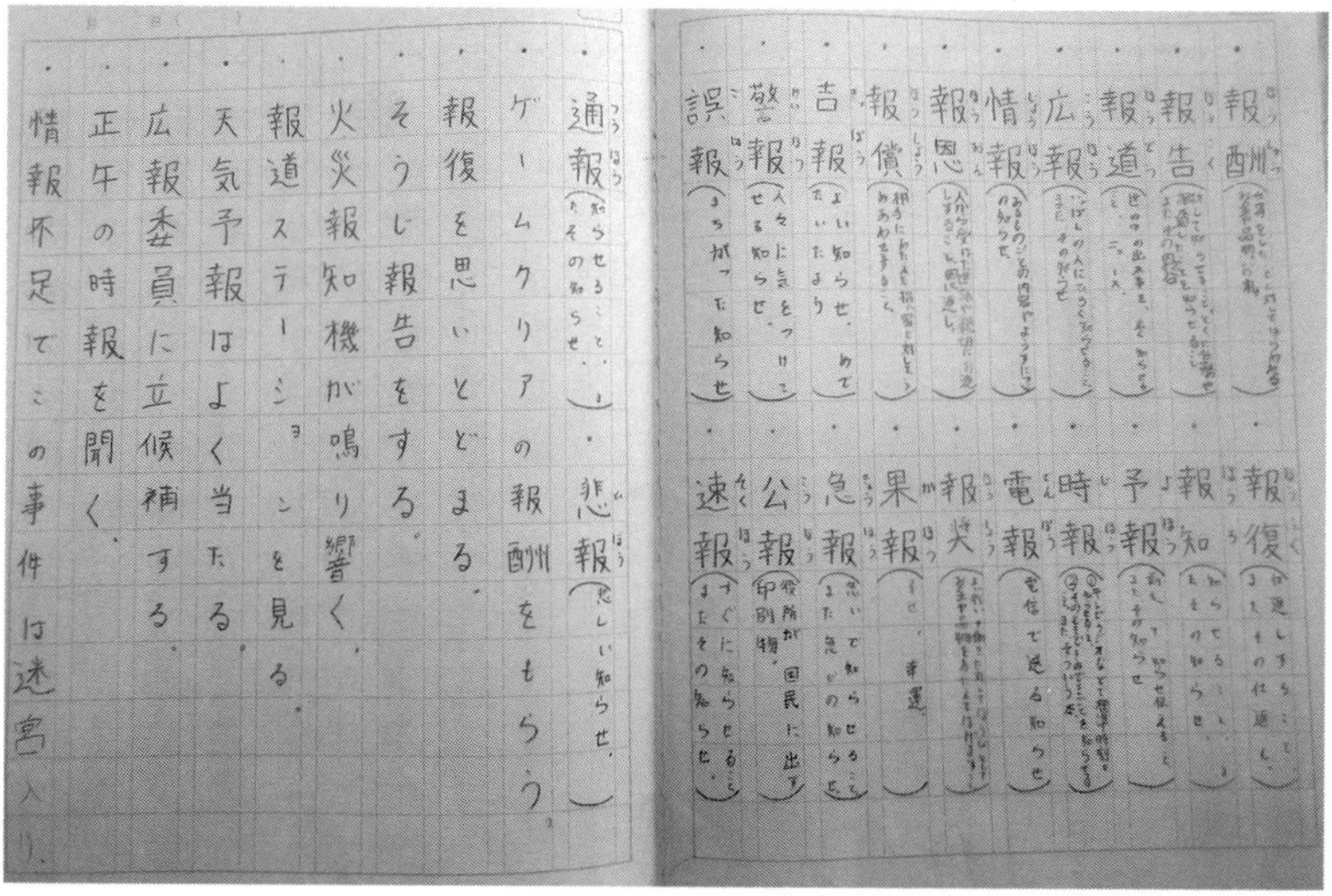

と言っても、辞書なしでは無理があります。それでも、普段から、

「ドリルに載っている使い方以外もどんどん知ろう」

と声をかけていれば、必ず子どものほうから、

「先生、辞書を持ってきていいですか」

と言ってきます。それを許可してあげれば、どんどん広がっていきます。

授業で学習していなくても、**自分が「使いたい！」と心から思っているときであれば、勝手に使えるようになっていくもの**です。むしろ、それが本当の「学習」なのだと思います。

私の学級では、1年生の頃から漢字学習で辞書を使うのは当たり前です。もちろん私は、「辞書を使いなさい」と一度も強制はしません。それでも、というか、それだからこそ、子どもたちは嬉々として辞書を引くようになるのです。写真は1年生の子どもです。

高学年で「漢字活用練習」をさせる場合には、これも強制しませんが、「大人用」の国語辞典を使わせてあげましょう。小学生用の辞書だと、結局ドリルに載っている語彙数と変わらないこともあるからです。そこで、大人用の辞書を使うことを許可したり、家で電子辞書やインターネットで調べるのもアリとしてあげたりします。

そうすると、「トップ陣」の勢いがさらに増します。中には、収録漢字1万字以上、熟語10万以上を誇る、角川書店の『新字源』を持ってくる子まで表れます（持ってきた子ども曰く、「漢字活用練

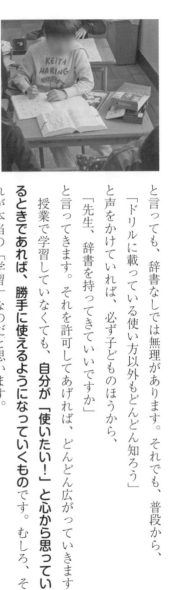

習」にはこれが「最強」だそうです)。

普段から本もたくさん読み、書けない漢字もほとんどない、という子には、私のほうから、「○○君は、そろそろ大人の辞書を使ってもいいんじゃない？」などと声をかけます。そうすると、子どもは鼻高々で家から持ってきます。

このような子たちは、学校にいる間も、少しでも時間が空くと、「漢字活用練習」をするようになります。国語の授業だけでなく他教科の授業でも、分からない言葉があればすぐに辞書で調べるようになります。

また、熟語を書かせるだけでなく、必ず例文をつくらせるようにしましょう。言葉は使うことで覚えます。そして、最終的には授業中や日記などで積極的に使わせ、定着させます。

「漢字活用練習」の効果

漢字活用練習の効果は、「使い方をたくさん知る」ということだけではありません。それは「漢字への理解の深化」です。漢字は音を表す表音文字であると同時に、その字自体に意味をもつ「表意文字」です。かなり特殊な文字といえます。

漢字活用練習では、その漢字が入った熟語をたくさん集めます。すると、たくさんの熟語を通じて、1文字の意味を帰納的に、体感的に理解できるのです。

小学生にとって「演繹的」に、「この漢字はこういう意味があって……」と説明するよりも、「この漢字が入った熟語はこれとこれとこれ……共通している意味がある！」と「帰納的」に気づくのとで

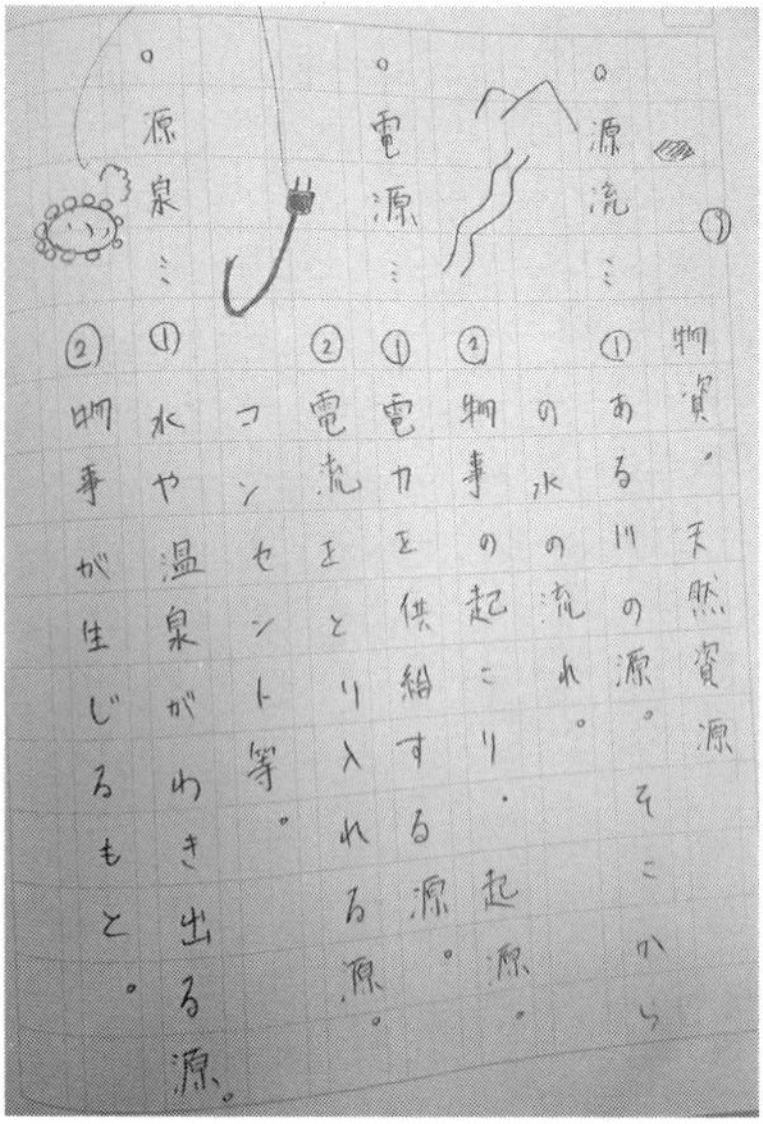

は、明らかに後者のほうが理解できます。

写真では、「源」という漢字の活用練習をしています。「源流」「電源」「源泉」という熟語を調べ、それぞれの意味を絵に表すという、子どもなりの工夫をしていく中で、「源」という漢字のもつ「もののはじまり・おこり」という意味を「帰納的」「体感的」につかんでいます。

このことは、漢字という文字を理解するうえで非常に重要です。先述のように、「演繹的に」「源」という漢字の意味について教師が説明しても、子どもは本当の意味で理解することは少ないでしょう。一方、この写真のように、自分で「源」という漢字の入った熟語をたくさん調べ、その意味も調べていけば、その中で、

「『源』にはこういう意味があるんだ！」

という本当の意味での理解がなされるでしょう。

このように「漢字の意味」を認識できれば、その漢字が入った熟語で「財源」という熟語と出会ったときも、自分なりに推測することができます。こうして自分で調べて、体感しながら漢字の意味を理解しつつ、知っている語彙を増やしていくことこそ、本当の「語彙力」へとつながっていくと思います。「漢字活用練習」はそのための学習法なのです。

フローチャートを示し、「やるべきこと」を明確に示す

漢字練習と漢字活用練習とを分けて子どもたちに示すことで、子どもたち自身に、自分に合った学習法を選択させる力もつけることができます。そして、ゆくゆくは、自分で必要なときに必要な学習法を選択し、自主的に学習できるような、「自立した学習者」に育てていくことができます。

しかし、最初は、

「漢字練習と漢字活用練習があるよ。どちらかを選んでやってみなさい」

と指示しただけでは、適切に選択することができません。

そこで私は、次ページで示すように、フローチャートを作成し、学級通信などで子どもたちに示すようにしています。子どもたちはこのフローチャートをたどっていけば、自分の取り組むべき学習法が分かるので、とても便利です。

先に挙げた「漢字ノート練習システム図解」（102ページ）を参考に、フローチャートを作成し、子どもに示してみてはいかがでしょうか。

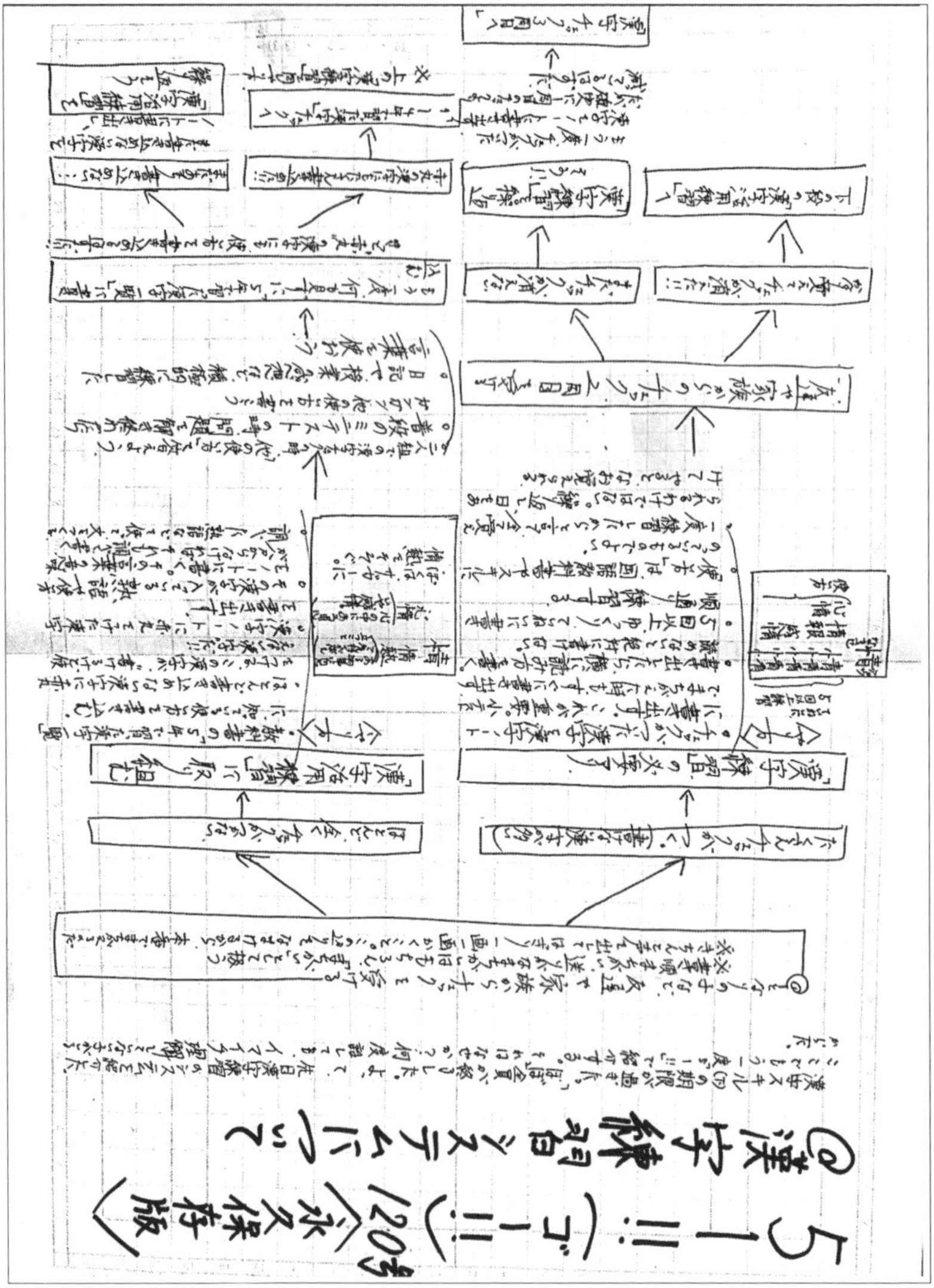

土居学級で出した学級通信

COLUMN

成功のためのアドバイス④
漢字を授業時間のいつ教えるのか

漢字ドリルのやり方をしっかり指導しさえすれば、授業時間でわざわざ漢字を教えることは必要ありません。とはいえ、私は、**年度当初にはしっかり授業時間に漢字ドリルを進める時間を取ります**。きちんと全員にやり方を定着させるためです。

また、全員が漢字スキルを終えた頃に、再び授業時間で少し漢字の時間を取ります。それは、**「チェックシステム」をきちんと全員に定着させるため**です。

それに加えて、本書で紹介している**「漢字学習活動」**や**「微細指導技術」は隙間時間や場合によっては授業時間に少しずつ取ります**。クラスの「漢字熱」が停滞しているな、と感じたときなどに、適宜取り入れる、といった具合です。

このように、**必要に応じて授業時間や隙間時間に学校で漢字を学習する時間を取る**のです。

それでも、毎日時間を取って教えるよりも少ない時間で済むことは間違いありません。

また、宿題も今までは毎日「漢字練習ノート作り」を課していたのが、そうでなくなります。宿題として全員に課すのは、漢字ドリルが終わった頃、必要に応じて**「漢字練習」**や**「漢字活用練習」を週に一度か二度程度**です。

これはとても大きいことです。宿題として作文や音読を課すことができるようになります。

個別指導編

根気強く、教師が絶対に諦めない

ここまで、漢字指導システムを紹介してきました。しかし、そのシステムを駆使しても、全員がすぐにできるようになるわけではありません。漢字がどうしても苦手な子はクラスに必ず数名います。そのような子に対しては、個別の対応が必要です。個別の対応は、字の通り、その子に合わせた対応です。

その子がどこでつまずいているのか。

その子は漢字のどこが苦手なのか。

その子はどのような練習法なら取り組めるのか。

これらのことを見取りつつ、教師は「絶対にできるようにしてみせる」という思いを持ち続けることが重要です。それだけ苦手な子への漢字指導は根気のいる指導です。

ここからは、私が具体的にどのように対応していったかを紹介しましょう。なお、プライバシー保護のため、ところどころエピソードを入れ替えたり、ぼかしたりしています。ご了承ください。

個別指導①

「音読の徹底」から迫る

ある年に受け持ったK君は、「漢字が苦手」という前担任からの引継ぎコメントがありました。K君は、少しやんちゃなスポーツ少年です。前年度の女性担任は少し手を焼いたようでした。しかし、私の場合は、外で一緒にドッジボールをしてあげたのがとてもうれしかったようで、年度の初めからなついてくれていました。漢字指導といっても「指導」ですから、その子どもとの人間関係も非常に重要です。「土居先生の言うことなら頑張ってみる」というような信頼関係がなくては、いくらいい指導システムをもっていても、それは機能しません。

さて、年度初め、昨年度に学習した漢字50問テストを行いました。K君が書けたのはたった3つ。「全然分からないや」と寂しそうな表情でした。

漢字は、「できる、できない」が数字となって如実に表れます。私は、普段元気なK君のその表情が忘れられませんでした。「絶対できるようにさせてみせる！」という固い決意をし、指導をし始めました。

4月から本書の漢字指導システムをフル活用し、指導していきました。すると、K君は、漢字の学習が好きになったようで、積極的に取り組みました。給食を早く食べ終えて漢字ドリルに取り組み、ときには休み時間にも漢字の学習をしていました。

漢字ドリルを進めて、どんどん見せにきます。字もだいぶ丁寧になりました。書き順チェックで引っかかることが多かったのですが、漢字ドリルを、期限内に終えることができました。むしろクラス全体の中でもかなり早いほうでした。私は、内心「これはいける！」と思うようになりました。

ですが、その期待は打ち砕かれました。

夏休み前に、それまで学習した漢字の中から50問テスト（100点満点）を、抜き打ちで行いました。その結果、K君はクラス最下位の、40点でした。

私はがっかりしました。あれだけ漢字学習に楽しんで取り組むようになったのに……と落ち込みました（一方、K君自身はそこまでショックを受ける様子もなく、むしろ「前よりできてる！」と喜んでいました。彼の明るさに救われた一瞬でした）。

なんとしてもできるようにしたいと思った私は、漢字指導システムにだけ頼るのではなく、もう一度、一から個別指導を見直すことにしました。夏休みが明け、新たな漢字ドリルを配布すると、K君はそれにも積極的に取り組みました。そして、以前同様、漢字ドリルをどんどん見せにきます。

すると、私はあることに気がつきました。

私が字形のチェックを終え、書き順チェックのため、

「羊という漢字を書いて」

と指示すると、彼はパッと頭に思い浮かばないようなのです。さっきまで自分が必死に書いていたページなのにもかかわらず、です。

このことから、私は、K君は漢字の読みが徹底されていないのではないかと思うようになりました。確かめてみるため、漢字ドリル音読をさせてみると、非常にたどたどしいのです（なぜこんなに読めていないのに、授業中の漢字ドリル音読の時間に分からなかったのかと不思議に思うほどでした）。

ともあれ、私とK君は、毎日の授業での漢字ドリル音読とは別に、一緒に音読の特訓をするようにしました。特訓といっても、空いている時間などに、私の前でしっかり声を出して漢字ドリル音読をさせるだけです。

すると、彼は普段の授業ではページを飛ばして読んでいたことが判明しました。だから、授業中に目立たなかったのです。当時は、まだ私がストップウォッチで時間を計り、音読を終え手を挙げた子一人ひとりに時間を言っていました。だから、見て回る余裕がなかったのです。とはいえ、一人ひとりしっかり見ていなかった自分の責任です。

私は大いに反省し、その後は、大きなタイマーを前方に表示し、子どもが自分のタイムを見ることとし、私はしっかり回って一人ひとりの音読を見るようにしました。

その後、K君は、めきめきと力をつけました。暇さえあれば、

「先生、ストップウォッチ貸してください！　音読の練習します！」

と言って練習をするようになりました。

「読み」が徹底されてくると、飛躍的に「書き」ができるようになってきました。

漢字ドリルを見せにきたとき、書き順チェックで、「じゃあ倉庫の『庫』を書いて」と指示すると、彼は、

「ええと、たん、すみ、うん、はこぶ、こ……だから、あ、あの庫か！　はい、1、2、3、4……」と空書きし始めたのです。つまり、漢字ドリルを暗記して、その順番で「庫」という字を思い出したのです。私は、彼が何とかして漢字を覚えようとしているのが分かって、可愛くて面白くなって、

「K君、そうやって覚えているの？」

と聞きました。すると、K君は、

「はい！　何度も音読したから、ドリルの読みの順番で覚えてます！」

と答えました。

もちろん、正統的な漢字の学習としては、NGなのでしょうが、私は、彼が漢字ドリルに出てくる順番まで頭に思い浮かぶくらい必死に音読していてくれたのが非常にうれしく思いました。

そして学年末。彼は抜き打ち50問テストで92点を取りました。それでもなお悔しい顔をしている彼を見て、私は彼の大きな成長を感じました。

「抜き打ち92点でも悔しがる、その心が一番成長したね」

と言って、男同士、固い握手をしました。

K君の場合、**書き順や字形の練習はたくさんして覚えたけれど、肝心の「読み」が不十分**でした。

実は、漢字が苦手な子の中にはこのようなケースは多くあるのです。このような子たちに、まず「読み」を一緒に徹底して練習すると、その後大きく伸びることがあります。

子どもと信頼関係を築く。そして子どもをよく見る。

私はこのようなことをK君から学びました。

個別指導②

「学習の仕方の徹底」から迫る

Nさんも漢字が大の苦手な子でした。ただの「苦手」ではなく、「大の苦手」です。もちろん、前年度に学習した漢字テストは0点に近いできでした。それでも彼女のいいところは、底抜けに明るいところでした。

「先生、Nね、漢字、全然わかんないんだよ！」

なんて、笑顔で私に話してきました。

Nさんは、学習は苦手ですが、習いごとのほうで全国でもトップレベルでした。だから、やると決めたことはやり通す「根性」があるのではないかと思っていました。私はどうにかして、学習でも彼女に自信をつけてもらいたいと思いました。そして、その突破口を「漢字」で開こうと思ったのです。

Nさんは「自分は勉強ができない」と決めつけていました。ゆえに、彼女への指導は、その**固定観念との戦い**でした。

本書の漢字指導システムのうち最も早くスタートする漢字ドリル音読は、その気になれば、誰でも取り組めます。しばらく続けると、彼女もだんだん読めるようになりました。

私は、

「すごいねえ、だいぶ早く読めるようになったね！」

と大いにほめました。「自分はできない」という固定観念を打ち崩すためです。そして、市販テストの漢字の読み問題はすべてできるようになりました。とはいえ、相変わらず「書く」ほうはまったくできませんでした。しかし私は焦らず、そのテストを返却するときには、

「漢字、読めるようになったね！　読めるようになったら、書けるようになるまであと一歩だよ！」

と励ましのコメントを書いて渡しました。

どうやら、彼女は読めても、書くのが苦手なようでした。そのため、漢字ドリルが進んでいきませんでした。結局期限までに終わらず、休み時間や放課後などに一緒に付き合いました。

夏休み前の抜き打ち50問テスト（100点満点）は、12点でした。

このままではいけない、と思った私は、夏休みに入る前、彼女だけの特別学習メニューをつくり、彼女に渡しました。好調だった漢字ドリル音読に加え、「漢字練習」を繰り返し行うメニューです。

メニューを渡す際に、２人でもう一度「漢字練習」のやり方を確認しました。

「今回の50問テストで書けなかった漢字は、Nさんの書けない漢字だよ。書けない漢字を発見したら、どうするんだっけ？　そう。漢字ノートに書き出しておくんだよね。いざ漢字練習をするときは、書き順を声に出してやるんだよ。ゆっくり丁寧に、あまり多く書かなくていいからね。5回でいいよ。なるべくたくさんの漢字を1回にやるんだよ。一度に同じ漢字を何度も書かないで、横へ横へ進んでいこう。そうして練習したら、２～３日後にまたやるんだよ。そうしたら、書けない漢字は必ず減っているからね」

このように1つ1つ確認しながら、「学習の仕方」を再び指導しました。

授業中にもちろん全体に話してありますし、学級通信でも紹介しています。それでも、すぐにその学習の仕方を理解して実行できる子とそうでない子がいます。**このような子には、手取り足取りやり方を教えてあげる**のです。

夏休みに入っても、毎週のように電話し、雑談をした後に勉強の進み具合も確認しました。ドリル音読を電話で聞かせてもらったこともあります。

夏休みが明け、やがて後期に入りました。状況は少しずつ変わってきました。以前は私と一緒に進めていた漢字ドリルを自分でやるようになり、家で「漢字練習」をするようになったのです。

どうやら、**仲のよい友だちがどんどん漢字ができるようになってきているのを見て、自分も頑張ろうという気持ちになった**ようです。**「クラス」という集団の力をまざまざと感じさせられる出来事**でした。

年が明けた頃にはNさんは、

「先生、Nね、昨日1日中漢字練習やってて、お母さんに、『どうしたの？　大丈夫？』って言われたんだよ！」

と笑顔で教えてくれるまで、「漢字練習」に必死に取り組むようになりました。

漢字学習で「勉強を頑張る！」という決意と習慣が身についたNさんは、その後他の教科でもどんどん成績を上げていきました。漢字に並ぶほど大の苦手であった算数も、どの単元でも80点以上は必ず取れるようになりました。授業の感想などは給食時間まで使って書き続け、用紙の裏表にびっしりと自分の考えを書くこともありました。

たかが「漢字指導」、されど「漢字指導」です。

1つのことで自信とやる気を得た子どもは、それを他に「派生」させていく力をもっているのだと、改めて痛感しました。

そして学年末。完全抜き打ちで、全範囲の漢字50問テスト（100点満点）を行いました。

結果は78点。クラスの平均点に届きませんでしたが、前期に比べると、ものすごく伸びました。同じ条件の下、いや、むしろ今回のほうが出題範囲は広いのに、なんとプラス66点！　彼女は飛び切りの笑顔でテストを受け取りました。私は、

「Nさん本当によく頑張ったね。1日中練習してたって言ってたもんね。あなたがクラスで一番成長したと先生は思うよ。抜き打ちでこれだもの。すごいことだよ」

と心からほめました。

Nさんは、元々真面目で、やると決めたらやる「根性」もある子でした。だから、私は丁寧に、「努力の方向性」を教えてあげただけです。つまり、**「学習の仕方」を教えてあげ、あとは見守った**のです。そして、**決して焦りませんでした**。それがよい結果を生んだと思っています。

子どもは本来、できるようになりたいと願っています。それでも、今までの学年でできなかった「マイナスの経験」から、その願いを心の奥底にしまっているのです。「マイナスの経験」が多ければ多いほど、学年が上がれば上がるほど、それは凝り固まってしまっています。それを焦らず、それでもどうにかしてはがしていくのが教師の役目だとNさんから学びました。

個別指導の秘訣とは

以上、2つの個別指導例を紹介しました。

本書に紹介する「漢字指導システム」を駆使することは、子どもをやる気にさせ、確実に子どもの漢字の力を高めます。ですが、それだけでは足りない、というのが2つの事例をお読みになるとお分かりになるでしょう。

ここで紹介した以外にも、指導が難しかった子はいます。うまく字を書けなくて、最初は私が上から手を握ってドリルを一緒に書いていた子もいます。また、非常に申し訳ないことに、結局最後まで伸ばしきれなかった、という子もいます。

数々の経験を経て、これだけは重要だと思うことを2つ挙げます。

1つは「教師が絶対に諦めないこと」です。私はこれだけは徹底してきました。そう胸を張って言えます。教師が「この子に抜き打ち漢字テストで点を取らせるのは無理だ」と諦めた時点で、どんな知恵もわいてこなくなります。

もう1つは「子どもをよく見る」ということです。当たり前のことですが、つまずきは一人ひとり違います。それを見極め、手を打つという「繰り返し」の中で、教師の力が伸びます。

COLUMN

「学年漢字一覧テスト」で漢字が極端に苦手な子にも主体的に学ばせる！

漢字が極端に苦手な子に対しての「奥の手」を紹介します。「漢字一覧テスト」です。本書の指導法で漢字ドリルにきっちりと取り組ませても、漢字が極端に苦手な子はそれだけでは覚えられないことが多くあります。また、「チェックシステム」では「空書き」でチェックしていましたが、「空書き」では、本当に漢字が苦手な子は、自分が書けているのかそうでないのか分からない場合もあります。そこで、1年分の漢字ドリルが終了後、当該学年に学習する漢字の一覧テストを作成し、取り組ませるのです（業者テストに、一覧テストが入っているものもあります。それを採用している場合は、増し刷りして使用してもよいでしょう）。

そうすれば、紙に書いた文字は当然残るため、書けなかった漢字や間違えた漢字が自分にとっての「書けない漢字」だということが、誰の目から見ても明確です。次のような手順で行うとよいでしょう。

①当該学年で学習する漢字の一覧テストを用意する。
②取り組ませる。このとき、なるべく素早く書かせる。
③答えを渡し、答え合わせをする。
④書けなかった漢字を漢字ノートに書き出し、「漢字練習」に取り組む。

本当に漢字が苦手な子にとっては、この方法が最も救いとなるでしょう。私のクラスでも、本当に苦手な2～3人でも、この方法であれば、その後、「抜き打ちテスト」でも書けるようになりました。自分が練習すべき漢字が明らかになるので、自ら練習するようになり、活動を繰り返すごとに自分の書ける漢字が増えていくのが目に見えてよかったようです。しかし、この方法は短所もあります。

まず、この方法は紙に当該学年の漢字をすべて書くため、時間がとてもかかってしまいます。ですので、取り組ませるときは、**「書けない字を発見するためにやるから、字が丁寧でなくてもいいので、なるべく素早くやります。早い人は、即座に漢字が頭に思い浮かぶということで、それだけしっかり覚えている、ということになります」**と伝えます。繰り返すと、漢字が苦手な子でも、かなり速くなっていきます。そうすると、ちょっとした隙間時間に行えるようになります。**また、この方法を繰り返すと「一覧テスト」の出題のされ方で漢字を覚えてしまい、様々な使い方まで目が向かなくなります。**そうすると、結局「抜き打ちテスト」で違う出題のされ方をすると書けません。そこで、必ず他の使い方にも目を向けさせましょう。多くの漢字が書けるようになってきたら、他の熟語も書き込ませるのです。

この指導は、本当に極端に漢字が苦手な子への指導です。そのような子たちは、今自分が何をどう勉強したらよいかが分かっていません。ですから、このように教師が働きかけ、自分が勉強すべき漢字をはっきりさせてやります。すると、主体的に自分から、書けない漢字を練習するようになるのです。そして、ゆくゆくは自分一人で勉強できるよう、「セルフチェック」のやり方などを指導していきましょう。

COLUMN

漢字指導で尊敬される？

クラスの「漢字熱」が高まると、給食のときの子どもたちの話に、YouTubeやゲームの話題だけでなく、漢字が挙がるようになります。

「次の50問テスト、熟語何個書けるか勝負しようぜ」

「いいねえ、やろやろ！　100点じゃなかったらその時点で負けね！」

「そりゃそうでしょ！」

年度が始まったときは、やんちゃだった男子たちがこのような会話をしているのを聞くと、とても嬉しい気持ちになります。

このような会話が頻繁に聞かれるようになってくれれば、クラスの雰囲気が、全体的に楽しみながら「勉強を頑張るぞ！」というものになってきている証拠です。すると、それを聞いていた賢い女子が、これまた賢い女子に、こうささやいているのを耳にしたことがあります。

「普通さ、熟語いくつ書き込めるかなんかで競争するクラスないよね。土居先生ってすげーな……」

そこまで冷静に見る君もすごいよ、と思いながら私は聞こえないふりをして聞いていました。

クラスが、特に男子が、「漢字で競い合う」などという雰囲気になってくると、賢い子どもは、その雰囲気をつくりだした教師に一目置いてくれるようです（笑）。

第3章

楽しく取り組む！
漢字学習活動アイデア＆
効果抜群！
漢字微細指導技術

漢字学習活動編

「漢字学習活動」でクラスの「漢字熱」を高める

本節では、「楽しい漢字学習活動」を紹介します。

ここで紹介する「漢字学習活動」は、すべて、クラスの「漢字熱」を高めるための活動です。「漢字熱」とは、そのクラスの漢字に対する雰囲気みたいなものです。例えば、

「漢字をたくさん知っているってかっこいい！」

「自分も文章を書くときに辞書を使ってたくさん漢字を使おう！」

「漢字テストでいい点が取れるのは当たり前！　僕は熟語をたくさん書けるようにするぞ！」

「あの子よりもっとたくさん熟語を知るぞ！」

とクラスの多くの子が思い、実行する雰囲気ということです。

このような「漢字熱」を高めることができれば、漢字指導は成功した、と言っても過言ではないでしょう。

ですから、ここで紹介する漢字学習活動は、単に楽しいだけではありません。単に楽しい、面白いだけで、単発で終わり、その後の漢字学習にまったくつながらないのでは意味がないからです。楽しくてクラスの「漢字熱」を高め、それがゆくゆくは子どもたちの漢字力の向上につながるような学習

活動を紹介していきます。

実は、クラスの「漢字熱」を高めるのは、漢字ドリルや漢字テストだけではないのです。むしろ、「漢字学習活動」で子どもに火がつくのをよく目にしてきました。そのようにご活用ください。

また、本章で紹介する「漢字学習活動」は短時間で取り組めるものばかりです。そのため、「隙間時間」や最近多くの学校で取り入れられている「モジュール」の時間などにサッと行うことができます。ぜひ試してみてください。

実際に行う際、初めは活動の手順をきちんと指導することが肝心です。子どもたちにやる気があっても、どうやったらよいか分からなければ、困ってしまうからです。そして、**何度か「繰り返し」てください**。繰り返すうちに、子どもたちもやり方がよく分かってきて、盛り上がってきます（私の学級では、私が「じゃあ『漢字サバイバル』やろうか」と言うと、「いぇーい!!」と言って勢いよく立ち上がります）。

また、繰り返すことで、子どもたちは「次にあれをやるまでに、漢字活用練習を頑張って熟語をたくさん勉強しておこう」などと、次回の「漢字学習活動」を目標に、学習を頑張るようになります。

アイデア① 漢字サバイバル

漢字好きをつくるには、空書き好きを育てる！

漢字好きの子を育てるには、漢字を声に出して、イキイキと空書きする子を育てることです。「声を出して書き順通り書けるってカッコいい！」という学級の雰囲気をつくる活動を紹介します。

活動のねらい

・学習した漢字のおさらいを短時間で行う。
・書き順を、声を出しながら空書きすることで、自分の書ける字、書けない字を自覚させる。
・漢字練習へのモチベーションを高める場や、漢字練習の成果を発揮する場になる。

活動の手順

①T「漢字サバイバルをやります！」C「いぇーい！」
②全員起立させる。

③漢字の問題を出題する。（例：「情報の情」）
④子どもたちは「はいっ！　いち、に、さん、し」と声を出しながら空書きする。
⑤間違えたり、書けなかったりした子は座る。座った子は、書けなかった漢字を漢字ノートに書き出しておくよう伝える。
⑥最後の一人になるまで問題を出し続ける。
⑦最後の一人にみんなで拍手をして終了。

活動の意義とポイント

漢字を覚えるには正しい書き順で書くことが必須です。この書き順の徹底を図れるのが「漢字サバイバル」です。漢字を正しく、書き順通り書ける者のみが生き残れる、という意味で「サバイバル」と名づけました（実は、こうした「名づけ」も子どもたちの学習活動を盛り上げるうえで欠かせない要素です）。

漢字サバイバルは、子どもたちの間では「漢サバ」と呼ばれ、暇さえあれば「先生、漢サバやりませんか！」と子どもが口にするほど、クラスで非常に人気の高い活動です。漢字サバイバルをやることを伝えると歓声が上がります。教師に言われた漢字を書けるかどうかというワクワク感が、たまらないようです。この活動は4月から3月まで、いつでも使えます。

初めのほうの出題漢字は、当該学年の漢字ドリルの最初のほうに載っている漢字や、前年度の漢字

を出すことがおススメです。そうすると、多くの子が書くことができるからです。徐々に難しい漢字にしていくといいでしょう。そうすれば、書けずに座る子が増えていきます。最後は、次年度の漢字を出題してしまいます。これも、「できる子」に対してさらなる漢字学習への刺激材料になります。

また、すぐに座ってしまった子がボーっとしている場合は、このように声をかけます。

「書けなかった漢字を漢字ノートに書いたら、書ける字は、座ってからも空書きしよう。頑張って書いていたらいいことあるかもよ」

そして、座ってしまった子も、書けなかった漢字をノートに書いた後、声を出してしっかり空書きしている場合は、

「○○君、復活！　起立！」

と復活させてあげるのです。そうすると、座って脱落してしまった子も頑張って参加し続けます。

また、その他のポイントとして、「書き順の声をしっかり出させる」ことが挙げられます。声を出していない子を見つけたら、

「○○さん、声出していない。アウト。座ります」

と座らせてしまってもよいでしょう。

とにかく、しっかり声を出させ、大きく空書きさせます。体で漢字を覚えさせるためです。

基本的にこの活動は全学年で使用できますが、特に3年生あたりの子どもは漢字サバイバルが大好きです。1セット（始めてから、最後の子が座るまで）終えると、活発な男子などは汗だくになっています。子どもたちの「いち、に、さん」という声が教室にこだまし、窓がビリビリします。エネルギー満点の中学年の子どもたちにぴったりです。

漢字サバイバルを何度か行うと、子どもたちは声を出して空書きするのが大好きになります。休み時間に自分たちで問題を出し合って漢字を空書きするようになります。このようになってくれば、漢字好きの子が育ってきています。

また、最後の最後まで立ち続ける子に対して尊敬の眼差しを送るようになります。

「漢字を知っているってカッコいい！」

このような文化が育つ活動です。

アイデア② テスト漢字だらけ

この活動は、**低学年向き**です。低学年のテストは、当然ですが「ひらがな」が多く書かれています。学習していない漢字はひらがな表記になっているためです。この状況を「活用」するのが「テスト漢字だらけ」です。

やり方は非常にシンプルです。次のように指示するだけです。

「自分は書けるのに、ひらがなになっている言葉があったら、漢字に直しなさい」

この活動を続けると、常に「漢字を使う」という意識をもたせることができます。また、低学年では、どの教科のテストも問題数が少なく、簡単です。そのため、学力の高い子はすぐに終わってしまい、暇になってしまいます。そのような子には、積極的にこの活動に取り組ませます。すると、今まで一番にテストを終えていた子が最後にテストを終えるようになるのです。

活動のねらい

・知っている漢字は意地でも使う、という態度を育てる。
・当該学年で学習する漢字だけでなく、その他の漢字もどんどん学ぼうという態度を育てる。
・テストが漢字だらけになることで、自分の頑張りが可視化され、もっと漢字学習を頑張ろうというやる気を育てる。

活動の手順

①テスト（国語）を始める前に、「問題を全部解き終わって、時間が余った人は、自分が知っている漢字がひらがなになっていたら、線を引いて消して、漢字に直しなさい」と指示する。
②「もちろん、自分はいいや、という人はやらなくて大丈夫です」と強制ではないことを伝える。
③テストを集める数分前に、「漢字に直せた個数を数えて、点数の下に書いておきましょう」と指示する。
④後日、採点後、特にたくさん漢字に直せている子のテストをクラスに紹介する。
⑤活動に慣れてきたら、他教科のテストでも同じように漢字に直させる。

活動の意義とポイント

この活動を繰り返すと、自分で書く文章に知っている漢字を使わないなどということはかっこ悪くて到底できなくなります。それがねらいなのです。クラスの多くの子は、テストのひらがなを一生懸命漢字に直している……それなのに自分は習った漢字すら使わない、というのは子どものプライドが

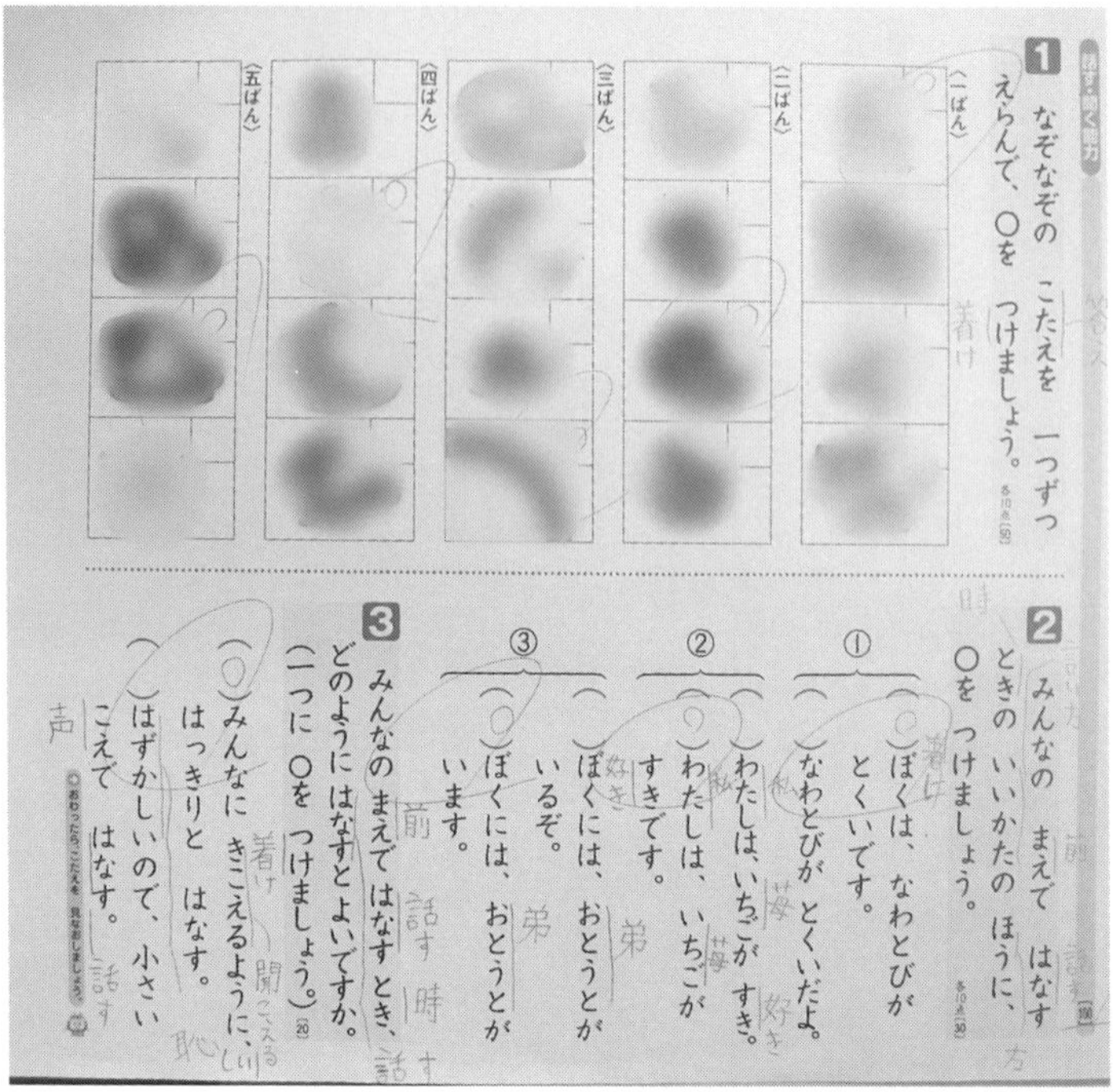

許さなくなります。

写真は1年生の子の「話す・聞く」のテストです。「漢字だらけ」になっているのがお分かりになるでしょう。彼女はもちろん漢字が大の得意な子です。テストがすぐに終わってしまう子でした。しかし、この活動に取り組み始めてからは、クラスで最後にテストを終える子になりました。

「漢字が得意な子にも苦労をさせる」とはこういうことです。

もちろん、全員にここまでのことを求めませんし、その必要もありません。

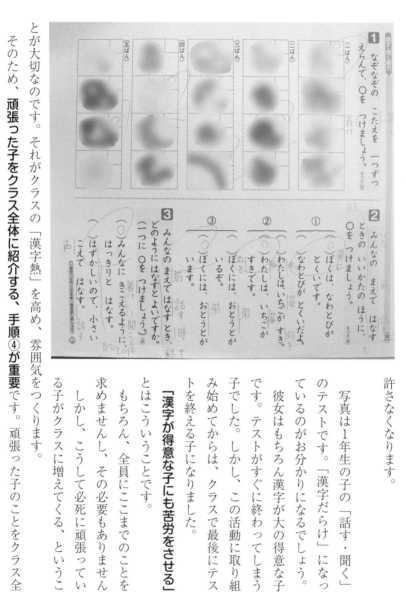

しかし、こうして必死に頑張っている子がクラスに増えてくる、ということが大切なのです。それがクラスの「漢字熱」を高め、雰囲気をつくります。

そのため、**頑張った子をクラス全体に紹介する、手順④が重要**です。頑張った子のことをクラス全体に紹介しなくては、頑張っても報われない、という状態になってしまいます。

「実は、この前のテストで○○さんは漢字をこんなに書きました！　こんなに書けるのはすごいことだよね。頑張った○○さんに拍手！」

と、みんなで拍手を送ってあげるのです。

そうすると、クラスの中に、「漢字をたくさん知っているってカッコいい！」という雰囲気ができあがってきます。

また、この「テスト漢字だらけ」の応用として、「読める漢字は習っていなくても読み仮名をつける」というものもあります。

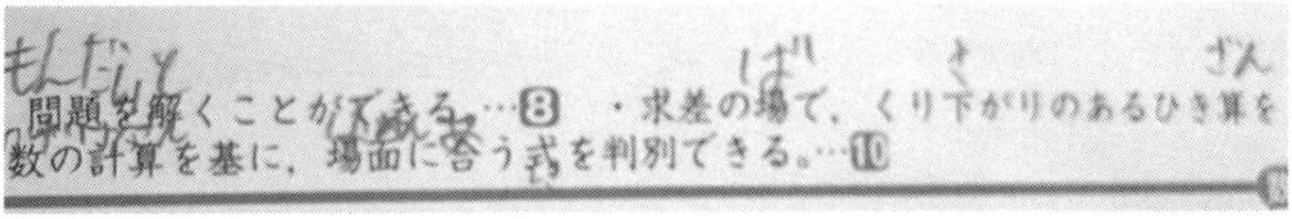

上の写真は、1年生の算数のテストです。なんと、教師に向けて書かれた、「テストの問題のねらい」のような欄の漢字を読もうとしているのです。1つ1つ丹念に振り仮名を書いてあります。

ここまでくると、どこに書いてある漢字にも興味津々といった具合です。

ちなみにこの子は1年生ながら、3年生の漢字まで完全マスターして2年生に進級していきました。

次ページ右端の写真は、算数のプリントです。何気なくやらせたら、やけにみんな時間がかかるなあと思っていたら、みんなまず問題をよく読んで、その後書ける漢字をすべて

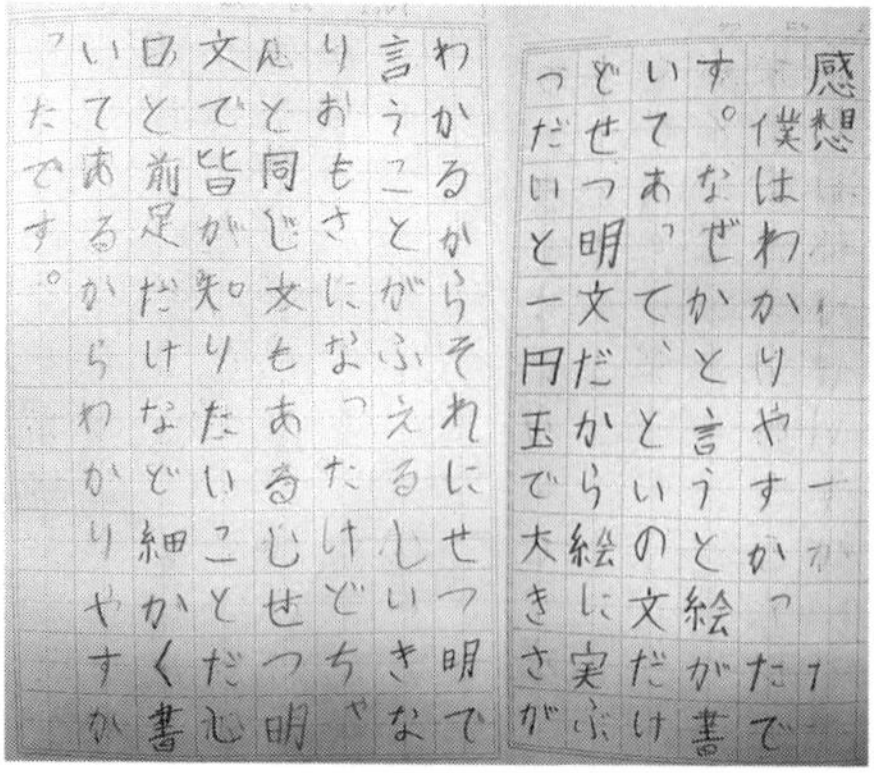

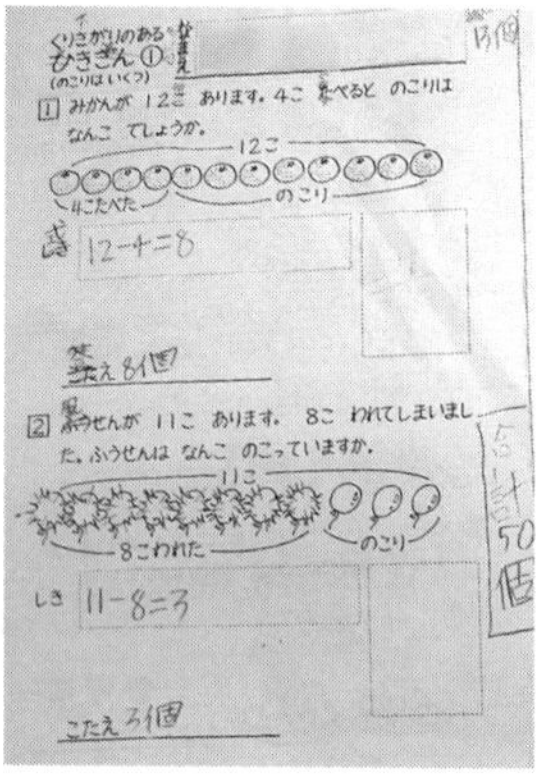

書いていたのです。

このような活動を続けていくと、やがてクラスのほとんどの子が、ひらがなを漢字に直すようになってきます。テスト1つ1つに時間をかけて取り組むようになります。そして、毎回毎回、漢字の練習にもなるので、当然子どもたちの漢字力は格段に上がっていきます。そして、**それは自然と「語彙力」にもつながります。**漢字力が上がり、「何が何でも漢字を使う」という気持ちが子どもの中で高まると、1年生でも上のようなノートになります。

上に載せたのが、「どうぶつの赤ちゃん」（光村1年下）を学習している際のノートです。ライオンとシマウマの本文を読み終わった後に、カンガルーの赤ちゃんについて紹介している文章を読んだ感想を書いたものです。

1年生ですから、「僕」や「皆」などはまったく習っていません。ですが、普段から辞書を引いて、何を書くときにも漢字を使おうとしているから、授業中の感想を書くときにでも、このようにサッと書けてしまうのです。「テスト漢字だらけ」活動はここまで派生していってこそ価値のある活動です。

アイデア③ テスト熟語だらけ

熟語をたくさん知っているから、抜き打ちでも当然100点が取れる！

この活動は、「テスト漢字だらけ」の応用バージョンです。全学年取り組めますが、どちらかというと4年生以上におススメです。

「テスト漢字だらけ」と同じ要領で、次のように指示します。

「テストで出た漢字の使い方以外の使い方を知っていたら、周りに書き込みなさい」

テストで出題される漢字の使い方は、数多くあるうちのほんの1つにすぎません。それを書けたからといって、その漢字をマスターしたなんていうのは甘いのです。

しかし、これまでの漢字指導では、その上の「ステップ」が用意されていませんでした。だから、子どもが頑張ろうにも頑張れないのです。そのため、漢字の得意な子にも、たった1回のテストで書ければ「書けた！」と満足させてしまい、それ以上の努力をさせられなかったのです。漢字の得意な子こそ苦労させ、夢中にさせるべきなのです。

活動のねらい

・出題された漢字が書けたら終わり、ではなく、他の使い方をたくさん知ろうという態度を育てる。

・語彙力を高める。
・テストが熟語だらけになることで、自分の頑張りが可視化され、もっと漢字学習を頑張ろうというやる気を育てる。

活動の手順

①テスト（国語）を始める前に、「問題を全部解き終わって、時間が余った人は、問題に出たのとは違う漢字の使い方をその漢字の周りにたくさん書きましょう」と指示する。
②「もちろん、自分はいいや、という人はやらなくて大丈夫です」と強制ではないことを伝える。
③テストを集める数分前に、「書けた熟語の個数を数えて、点数の下に書いておきましょう」と指示する。
④後日、採点後、特にたくさん漢字に直せている子のテストをクラスに紹介する。

活動の意義とポイント

「漢字学習を語彙学習に！」ということは先に述べました。この活動では、そのことを念頭において指導します。

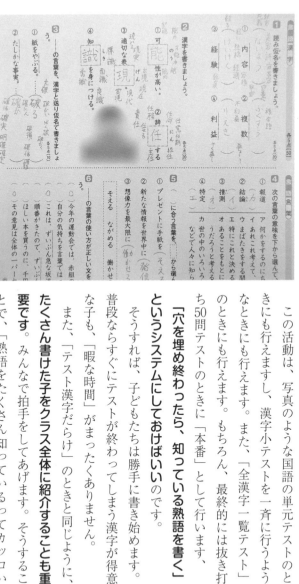

この活動は、写真のような国語の単元テストのときにも行えますし、漢字小テストを一斉に行うようなときにも行えます。また、「全漢字一覧テスト」のときにも行えます。もちろん、最終的には抜き打ち50問テストのときに「本番」として行います、**「穴を埋め終わったら、知っている熟語を書く」というシステムにしておけばいい**のです。

そうすれば、子どもたちは勝手に書き始めます。普段ならすぐにテストが終わってしまう漢字が得意な子も、「暇な時間」がまったくありません。

また、「テスト漢字だらけ」のときと同じように、**たくさん書けた子をクラス全体に紹介することも重要です**。みんなで拍手をしてあげます。そうすることで、「熟語をたくさん知っているってカッコいい！」というクラスの雰囲気が育ってきます。すると、それまでは取り組まなかった子もなんとか自分の知っている範囲で熟語や他の使い方を書き込むようになってきます。

やがて、子どもたちは、漢字の穴埋めで100点は当たり前で、熟語をいくつ書き足せたかで競い合うようになってきます。すると、「漢字活用練習」にも熱が入ってきます。「テスト熟語だらけ」活動は、

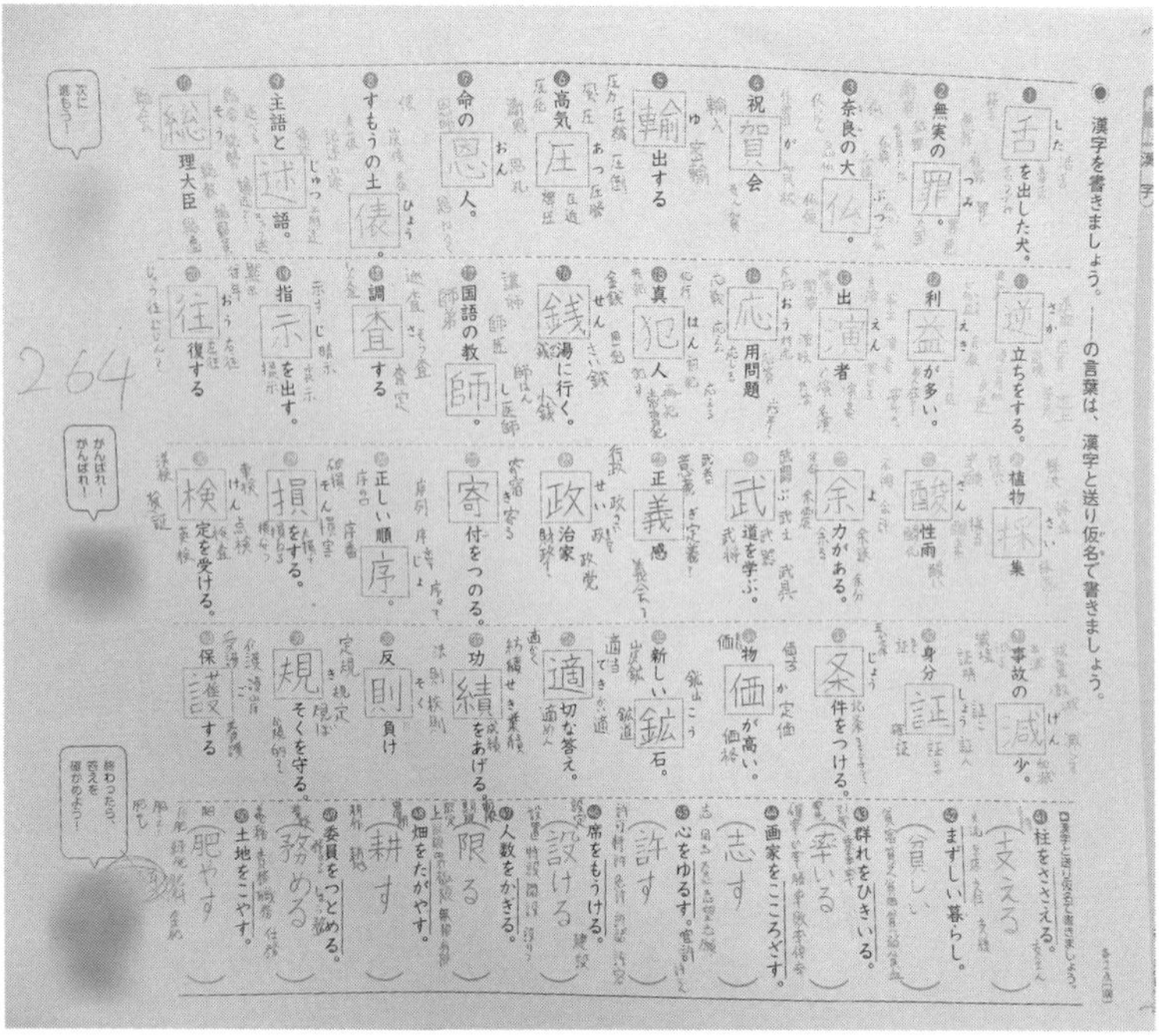

「漢字活用練習」の成果を発揮する場でもあります。

だから、教師がたくさん書いた子を紹介するときにさりげなく、

「○○さんは、普段から漢字活用練習を頑張っているもんね」

とクラス全体に広げるとよいでしょう。

さて、上の写真は年度末の抜き打ち50問テストです。ここまで書き込むのは2時間かかります。こういう状態であれば、どんな問題が出されても抜き打ちで100点は悠々とれます。ちなみにこれまでの最高は書き込み406個です（1文字当たり8個の熟語・使い方を書いていることになります！）。

アイデア④ 漢字難問探し

意外と書けない漢字が「身近に」あることに気づかせる

子どもたちは、どのようなときに「もっと漢字を勉強しなきゃ！」と思うでしょうか。それは、「自分が知っていると思っていた漢字が、実は書けなかったとき」です。

この活動は、子どもたちにそういう経験をさせる活動です。

ほとんどの子が漢字ドリルを合格し終え、漢字学習も一段落……というような気持ちになっているときに、特に有効です。あれだけ必死にやってきた漢字ドリルに、自分が書けない漢字がまだまだあったという事実に気づかせ、再び「漢字熱」を高めるのです。

活動のねらい

・書けると思っていた漢字が書けなかったという経験をさせることで、「もっと漢字を勉強しよう！」という気持ちにさせる。
・漢字には様々な使い方があることに気づかせ、「漢字活用練習」への意欲を高める。
・「みんなが書けなさそうな漢字」を漢字ドリルから探すことで、知らなかった言葉を知り、語彙を増やす。

活動の手順

①漢字ドリルから、「みんなが読めなさそうな漢字」と「みんなが書けなさそうな漢字」を班で1つずつ探させる。
②「読み」問題から班ごとに、クラス全員に対して出題し、答えをノートに書かせる。
③それぞれの問題の「できなかった人数」を集計する。
④「書き」問題を班ごとに、クラス全員に対して出題し、答えをノートに書かせる。
⑤それぞれの問題の「できなかった人数」を集計する。
⑥読み、書きの「できなかった人数」を足して、「できなかった人数」の一番多い問題を出した班が優勝。みんなで拍手。
⑦自分が「できなかった問題」を漢字ノートに書き出しておく。

活動の意義とポイント

必ず、**全員（ほとんど）が漢字ドリルを1冊終えてから**行いましょう。「もう自分はこの漢字ドリルをマスターした！」と子どもが思っているときに行わないと意味がありません。

この活動では、班ごとに漢字ドリルを隈なく見渡し、「みんなが書けなさそうな漢字・読めなさそうな漢字」を見つけます。この「みんなが」というところがポイントです。「自分が」ではなく、「みんなが」という視点で探させると、嬉々として活動します。

「あー、これもみんな書けないんじゃないかなあ」

なんて、楽しそうに漢字スキルを隅々までチェックします。

そして、「できなかった人数」を集計し、できなかった人が一番多い問題を出した班が優勝、というゲーム性もあることで、非常に盛り上がりながら、楽しく活動することができます。

また、必ず**「漢字ドリルの中で」と限定する**のもポイントです。「小テスト作成」の項でも述べましたが、とにかく「難しい問題をつくりなさい」と指示すると、子どもは、際限なく難しい問題をつくってきます。

この活動の場合、それではあまり意味がありません。自分がずっと取り組んできた漢字ドリルに「書けない漢字、熟語、読み」があったという事実を認識させる、ということが重要なのです。それが「もっと勉強しよう！」という気持ちにつながるのです。

また、出題された問題は、写真のように黒板に書かせます。そうすることで、目に見える形で残ります。子どもたちは自分ができなかった問題を確認し、漢字ノートに書き出すのです。

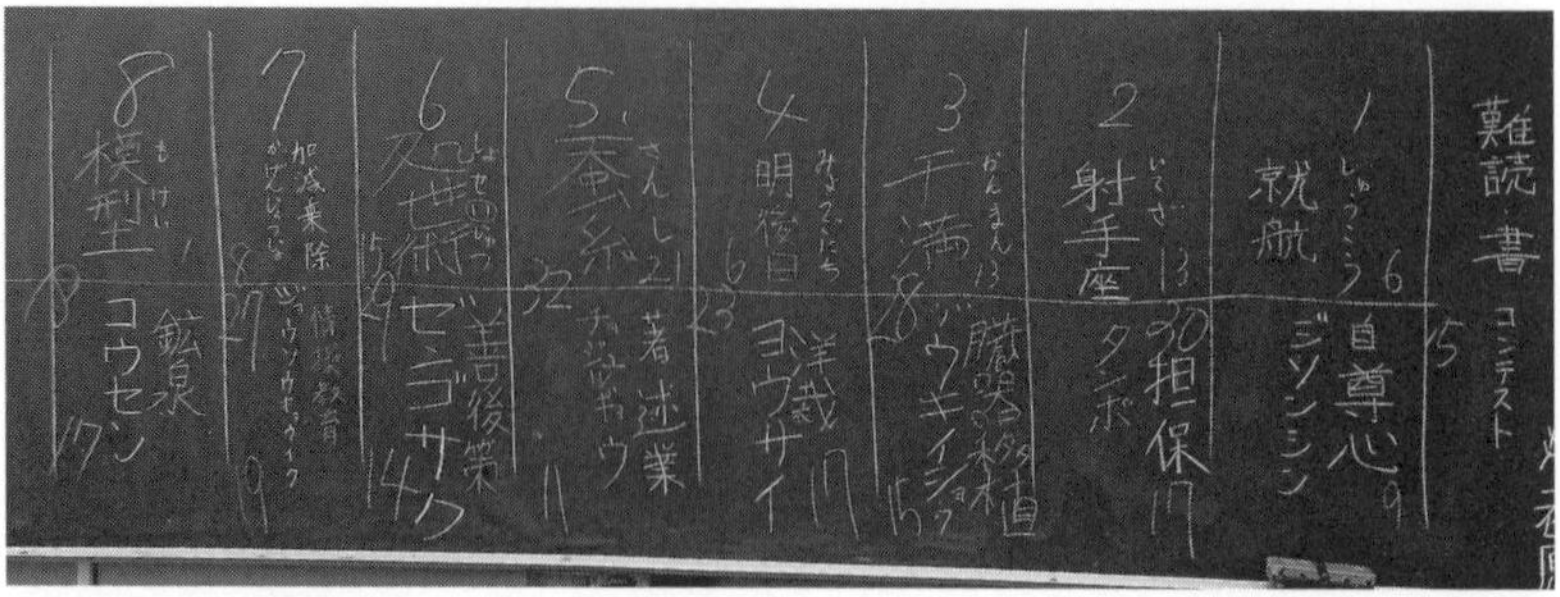

上の写真にある「洋裁」など、同音異義語がいくつかある場合は、出題する班からクラスの子どもたちに向かって意味を説明させてから、ノートに書かせるようにします。

教師が驚くほど難しい熟語がドリルには載っているものです。

アイデア⑤　漢字対決

一対一で漢字を書けるか、真剣勝負！

子どもたちがやる気を出す条件の中に、「友だちと競う」「対決する」というものがあります。それを活かしたのがここで紹介する「漢字対決」と、次で紹介する「熟語対決」です。

「漢字対決」では、一対一でどれだけ漢字を書けるか、で競い合います。2人組になり、交代で漢字の問題を出していくのです。問題を出されたほうは、空書きをして見せます。書ければ、今度は出題します。その繰り返しをどちらかが書けなくなるまで行います。

子どもたち同士が関わり合いながら、競い合いながら、

「もっともっと漢字を書けるようになりたい！」

と思えるようになるのがこの活動です。

クラスの中であまり話したことのない人とも関わりながら学習することができるので、子どもたち同士の「関係づくり」にもつながるでしょう。

活動のねらい

・友だちと関わり合いながら漢字をどれだけ書けるかを競い、漢字学習へのやる気を高める。

・他の友だちがどれくらい当該学年で学習した漢字を書けるようになっているのかを知り、自分の漢字学習に活かす。
・漢字学習を通して子どもたち同士の人間関係をつくる。

活動の手順

①出題範囲を決める（漢字ドリル、国語教科書などと限定する）。
②出題する漢字や熟語を探す。
③クラス全体を2列に並ばせる（2回目以降は、以前の列に並ばせる）。
④隣の子同士で対決する。
⑤初めの挨拶をする。「よろしくお願いします」といって握手をする。
⑥先攻・後攻を決め、交代で出題し、相手の空書きをチェックする。
⑦どちらかが書けなくなるまで繰り返す。書けなくなったほうが負け。
⑧終わりの挨拶をする。「ありがとうございました」といって握手をする。
⑨元の列に並ぶ。勝敗に応じて移動する。
⑩④～⑨の繰り返し。最後の対戦の後、移動し、自分の場所を覚えて活動終了。

活動の意義とポイント

最初は**必ず出題範囲を決めましょう**。そうしないと、際限なく難しい問題が出てきてしまいますし、当該学年の漢字の学習になりません。また、この活動は、先に紹介した「漢字難問探し」や「漢字小テスト作成」と重なる部分が多くなっています。「この漢字はみんな書けないのではないか」という観点で漢字ドリルや国語教科書を隈なく見るような姿勢が子どもたちの中に生まれてきたらこっちのものです。

さて、手順⑨の「勝敗に応じて移動する」とは、次ページの図のようなことです。このようなシステムを初めに説明しておけば、教師が指示しなくてもすぐ動けるようになります。**大体1回戦につき、5分ほどでできる**ようになります。

さて、このシステムで活動を何回か繰り返していけば、ある「現象」が起こります。それは、「同じ相手と何度も対戦する」ということです。その相手は、「自分と同じくらいの漢字力の子」ということになります。そのような相手が見つかると、子どもは漢字学習における自分のライバルが見つかり、「目標」が定まります。つまり、「いつも対戦する○○さんに負けないように！」と明確になるのです。

子どもも大人も同じでしょうが、「どう頑張っても敵いっこない相手」に「ライバル心」はもちません。しかし、**「実力が同じくらいの相手」には「ライバル心」をもち得ます**。

私のクラスでも同様で、特にやんちゃな男の子などは「また○○ちゃん？　負けないように頑張ろう！」となんだかうれしそうでした。そう言いながら、普段あまり関わることのない大人しい女子などとペアになっている様子などを見ているのはなかなか面白いものです。

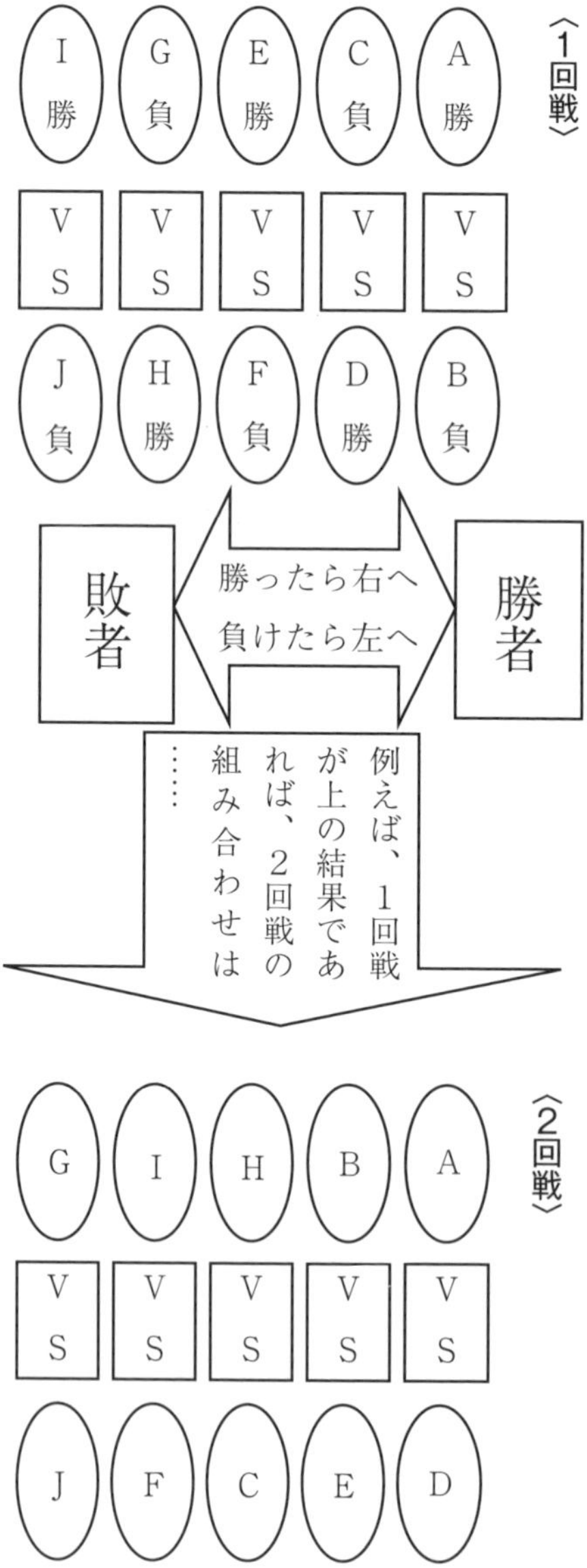

また、「漢字対決」は、漢字ドリルが全員終わっている頃にやるのがよいでしょう。そして、**「全員強制参加」にはしないほうがよい**です。漢字が苦手な子など、もっと「漢字練習」をしたほうがよい子もいますし、ほとんど書けないのに、対決させられても嫌いになる可能性があります。「漢字対決」か「漢字練習」のどちらかを選べるようにするといいでしょう。

活動の初めと終わりは**元気よく挨拶をし、握手をするという流れ**にしておきましょう。「漢字学習」を通して、クラスの友だちと関わる機会になります。

アイデア⑥ 熟語対決

高学年に最適！ クラス一の語彙量は誰だ⁉

前述の「漢字対決」の熟語バージョンがこの「熟語対決」です。**「漢字対決」はどちらかというと低学年向けで、「熟語対決」はどちらかというと高学年向け**と言えるでしょう。

この「熟語対決」では、教師から指定された漢字が入った熟語を交互に言っていき、言えなくなったほうが負け、というルールで語彙量を楽しく競い合います。勝敗による動きなどのシステムはすべて「漢字対決」と同じです。そのため、子どもたちにシステムさえ浸透していれば、クラスの実態によって「漢字対決」と「熟語対決」を使い分けることも可能です。初めは、「漢字対決」から入って、やがてほとんどの子がドリルや教科書の漢字であれば空書きできるようになったら、次に「熟語対決」を取り入れる、という流れがよいでしょう。この「熟語対決」を通して、語彙を増やす学習へのやる気に火をつけましょう。

活動のねらい

- ・友だちと関わり合いながら熟語をどれだけ知っているかを競い、漢字学習へのやる気を高める。
- ・他の友だちがどれくらい当該学年で学習した漢字を使いこなせるようになっているのかを知り、

自分の漢字学習に活かす。
・漢字学習を通して子どもたち同士の人間関係をつくる。

活動の手順

①クラス全体を2列に並ばせる（2回目以降は、以前の列に並ばせる）。
②隣の子同士で対決する。
③教師から漢字を1文字指定される（当該学年で学習したもの）。
④初めの挨拶をする。「よろしくお願いします」といって握手をする。
⑤先攻・後攻を決め、交代で熟語やその他の使い方を言っていく。※途中で相手から意味の分からない熟語を言われた場合、「どういう意味？」と聞き返せる。答えられない場合はノーカウントとなる。
⑥どちらかが言えなくなるまで繰り返す。言えなくなったほうが負け。
⑦終わりの挨拶をする。「ありがとうございました」といって握手をする。
⑧元の列に並ぶ。勝敗に応じて移動する。
⑨②～⑧の繰り返し。最後の対戦の後、移動し、自分の場所を覚えて活動終了。

活動の意義とポイント

活動の流れは「漢字対決」とほぼ同じです。この「熟語対決」も、**強制参加でなく、自由参加としましょう。**熟語はおろか、まだあまり書けない、という子に参加させるのは酷だからです。「漢字練習」に取り組んだり、「漢字活用練習」に取り組んだりして、**自信がついたら、参戦すればよい**のです（心配しなくとも、**年度の終わりにはほとんどの子が参戦してきます**）。

「活動の手順」の中で1つ重要なポイントがあります。それは、熟語を1つ1つ言っていく際、**「意味の分からない熟語が出てきたら、相手にその意味を尋ねる」**ということです。そこで意味を言えないものはノーカウントとするのです。そうすることで、普段の「漢字活用練習」でしっかり意味を調べて覚えるようになります。

語彙量は、子どもによって千差万別なので、一方が言った熟語をもう一方がまったく知らないということはよくあることです。逆にこの状況を利用して、**「熟語の意味について説明する」機会を設ける**のです。相手に説明しようとすると、実はその熟語の意味が分かっていなかったことが分かり、より「もっと勉強しよう」という気持ちにもなるのです。

また、これは「テスト熟語だらけ」も同様ですが、熟語でなくても

「ドリルに載っていない訓読み」などの「他の使い方」を言うのも可です。高学年のトップの戦いになると、それはクラス中が注目します。前ページの写真がまさにそれです。「限」という字がつく熟語をこのときは2人合わせて15個以上言っていました。

クラスでゲームをして「関係づくり」をするのもいいですが、このように「漢字学習」を通してそれができれば、一石二鳥です。しかも、クラスの「漢字熱」も上がったり、いつもは大人しい読書好きな女子が活躍したり……たくさんのよい効果がある活動です。

COLUMN

「抜き打ち」は無力化する

本書の中で何度も出てくる「抜き打ちテスト」という言葉。テストを「抜き打ち」に変えるとすると、教師の指導が変わり、結果子どもたちにも力がつく、という意味で何度も出しています。実際、私のクラスでは完全に「抜き打ち」でやるため、次のような工夫をしています。

・前日、次の日の時間割の連絡をする際、わざと「国語」をなしにしておく。
・最低でも一週間前くらいからは、絶対に学校の授業時間で漢字の学習時間を取らない。もちろん、漢字練習の宿題も出さない。

もはや意地です（笑）。ですが、**子どもたちの「漢字熱」が高まってくると、実は「抜き打ち」は無力化します**。子どもたちは、「次の50問テスト、絶対100点取る！」とか「熟語を200個書く！」と、**抜き打ちテストを心待ちにするようになって、それに向けて自主的に練習するからです**。こうなっては、抜き打ちテストは無力化し、前日に「理科」と予告していた授業で、いきなり漢字テストを配り始めても、「ついにきた‼」とむしろ喜ばせてしまうのです（笑）。

漢字微細指導技術編

普段の「ちょっとした」指導がクラスの「漢字熱」を高める

漢字指導は、漢字学習の時間だけではありません。子どもたちの、

「漢字を使おう！」
「もっと漢字を知りたい！」
「もっと熟語を知りたい！」
「書き順を正確に書きたい！」

などという「漢字熱」は、普段のちょっとした指導、声かけからも高めることができるのです。

教師が子どもの漢字力を育てる時間は、「漢字の学習の時間」のみ、と捉えるのではなく、「すべての時間」と捉えることで、クラス全体の「漢字熱」をグッと高めることができます。

その中でも、中心となるのは、やはり「国語の時間」です。教師が、せめて国語の時間だけでも、子どもにしっかり漢字を使わせよう、漢字を根付かせようと思い、意識しながら授業をすることです。

本節では、国語の時間や場合によっては他の教科の時間にも使えるような漢字微細指導技術を紹介します。

「漢字微細指導技術」とは、教師がほんの少し意識をもつだけで、子どもに漢字を思い出させ、徹底して覚えさせるような指導技術のことです。

どうしてこんなことが必要かと言えば、「徹底する」ためなのです。いくら教師が漢字ドリルを見てあげるときだけ熱心に指導しても、その他の時間に、子どもにまったく漢字を意識させなければ、子どもに徹底して漢字を覚えさせることはできません。

漢字に限らず、どんな指導でも同じかもしれませんが、**一度子どもたちに「徹底する」と決めたことは、粘り強く「徹底する」ことが重要**です。

そのために、本節で紹介するような「漢字微細指導技術」を活用してください。ほんの数秒で、子どもたちに漢字を意識させ、「漢字熱」を高める指導法を集めました。ここで紹介するものは、国語の時間に限らず使えます。また、サッと空書きするなど、「動きのある」活動が多いので、授業中のちょっとした気分転換、リフレッシュにもなります。他にも様々なオリジナルのものを生み出して、試してみてください。

漢字微細指導技術①

習っていない漢字もどんどん板書する

指導技術の概要

板書をする際、当該学年で学習する漢字以外の漢字、特に上学年の漢字もひらがなにせず、漢字で表記する。

指導技術のねらい

・子どもに、当該学年で学習する漢字以外の漢字も「見慣れ」させる。
・「習っていない漢字もどんどん使おう」という意識をもたせる。

指導技術の具体とポイント

教師が板書する際、どんどん漢字を使ってしまいます。1年生でも、です。初めのうちは、子どもが「先生、その漢字習っていません！」なんて大きな声で言ってくることでしょう。そんなとき、私

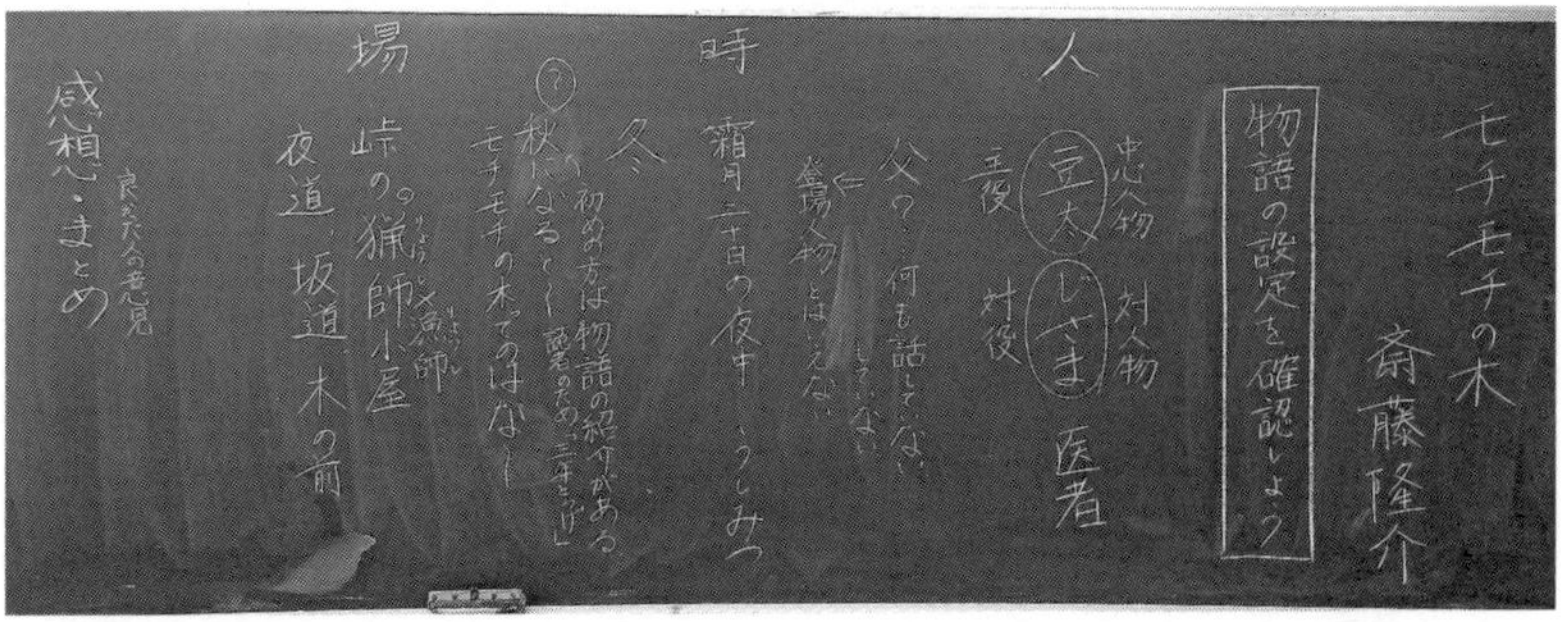

は、「漢字習得のステップ」を黒板に書き、

「先生は、みんなに様々な漢字を見慣れてもらうために、何年生でも関係なく漢字で書きます。黒板に書くことは、先生や誰かが話したことだから、何と読むかは、話を聞いていれば分かるはずです」

と、説明するようにしています。

　この微細指導技術は野口芳宏先生も紹介されています（野口（1998）など）。私は、板書に加え、学級通信でも漢字を多用しています。そして、その学級通信を子どもに読み聞かせています。これだけでも、子どもが漢字を「見慣れる」機会を多くつくることになります。

　上の板書は、3年生の「モチモチの木」の授業でのものです。「物語の設定」など、物語の授業でずっと使うものなどは積極的に漢字を使います。子どもたちもノートに写すわけですから、いつの間にか書けるようになってしまいます。

　他にも「確認」などもよく使うので漢字で書いてしまいます。また、「峠」など知っている漢字の組み合わせになっているものなどもどんどん使ってしまい、子どもたちに慣れさせてしまえばよいのです。

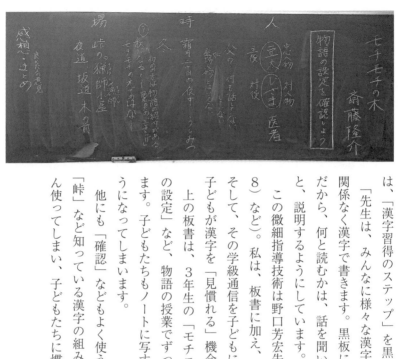

漢字微細指導技術②

いきなり漢字読みテスト

指導技術の概要

授業中、板書した漢字を指差して「これ読める人？」「この漢字の入った熟語を言える人？」と急に尋ねる。

指導技術のねらい

・漢字の読みの徹底。思い出し。語彙を増やす。
・授業中のリフレッシュにもなる。
・挙手して発表する練習にもなる。

指導技術の具体とポイント

1日何時間も授業をやっていれば、必ず停滞するときがあります。そんなときに、サッと板書した漢字を指差して、

「これ読める人？」

などと聞くだけでも、漢字の読みの確認にもなりますし、子どもにとってはリフレッシュになります。

出す問題は、当該学年で習った漢字の入った熟語がよいでしょう。**読めそうで読めない、意外と間違える**、そんな熟語がおススメです。

例えば、3年生で引っかかった子が多かったのが、「正負」です。「しょうふ」と読む子が多くいました。5年生では、「潮風」です。「ちょうふう」と読む子が多くいます。このような間違えやすい熟語を教師がメモしておいて、不意に出題するのです。

また、この指導技術の派生バージョンとして、漢字を1文字書いて、「この漢字の入っている熟語を1つでも言える人は起立！」と指示するものもあります。

この場合、例えば「痛」と黒板に書いたら、起立している子が順々に「痛快、激痛、腰痛、……」などと言っていき、もう言えなくなったら座る、というシステムにしておくのです。

そうすれば、1文字につき、大体1分もかからずに言い終わります。最後まで残った人に全員で拍手をします。

起立するので、気持ちの切り替えもできる、楽しい活動です。

これらを授業中に突如行うと、子どもはなかなか面白い反応を示します。ぜひやってみてください。

漢字微細指導技術③

いきなり漢字空書きテスト

指導技術の概要

授業中、板書した漢字を指差して、「この漢字を空書きしましょう。さんはい！」と言ったり、「討論の討、どんな字だったかな。空書きするよ。さんはい！」と言ったりする。

指導技術のねらい

・子どもたちに元気よく空書きさせ、声を出して空書きすることを好きにさせる。
・間違えやすい漢字の書き順をチェックし、書き順の徹底を図る。
・授業中のリフレッシュにもなる。

指導技術の具体とポイント

漢字を得意にさせるには、「空書き」を好きにさせるべき、ということは先に述べました。空書きは、漢字をイメージしてそれを空中に再現するため、紙に書くよりもしっかり「思い出さなくては」いけないからです。逆に言えば、「空書き」できれば、その漢字はきちんと覚えていると言えます。

教師が意識して、子どもにしっかり声を出させて、空書きをさせていくと、子どもはだんだん好きになります。ここで紹介する「いきなり空書き」も、授業が停滞しているなあと感じるときやちょっとした隙間時間などに使ってみてください。物語の深い読解の話し合いなどではついてこられない子が多くいますが、漢字の空書きなら、ほとんどの子ができます。

また、「いきなり漢字読める？ 書ける？」と同じで、**その学年で学習する漢字の中で、書き順や同音異義語などを出題するとよい**でしょう。

例えば、1年生では「左」と「右」です。1画目がいきなり正解と間違いの別れ道になっています。また、「王」なども意外と書き順を間違える漢字です。授業中、いきなり「左ってどう書くかな。空書きするよ。さんはい！」と指示して書かせます、子どもたちは、「はい！ 1、2、3、4、……」と元気よく空書きするようにしておきます。そして、書かせた後は必ず正解を発表しましょう。

高学年になれば、「はかる」などが面白いです。例えば、算数などで「距離を測る」という言葉が出てきたとします。すかさずここで「じゃあ、『時間をはかる』の場合の『はかる』はどう書く？ 空書きするよ。さんはい！」などと間髪入れずに指示します。子どもたちは「え！ 待ってください！」などと言いながら、必死に書きます。こうやって、教師も楽しみながら、子どもの「漢字熱」を高めましょう。

漢字微細指導技術④ いきなりパーツテスト

指導技術の概要

板書した漢字を指差して、「この部首がつく他の漢字は？」と聞いたり、「この部分がつく他の漢字は？」と尋ねる。

指導技術のねらい

・漢字の構成要素に気づき、分類して覚えられるようにする。
・リフレッシュにもなる。

指導技術の具体とポイント

漢字は、「組み合わせ」でできています。そこに気づければ、意外と覚えなくてはいけないことは少ない、ということが分かります。

例えば、「窓」という漢字は、よく見れば「うかんむり」「公」「心」という単純なパーツの組み合わせです。漢字が苦手な子にとって、これを書き順のみですべて一から覚えるのは厳しいものがあります。そこで、「部首」や「部分」で分類してあげると漢字は覚えやすくなります。そんなとき、この指導技術の出番です。

漢字小テストを黒板に書いて行った後などに、

「この部首の漢字、他に言える人、起立！」

「この部分がついている漢字、他にもあるよね。言える人、起立！」

などと尋ねるだけです。「さんずい」「にんべん」などであれば無数に出てくるでしょう。

高学年でもこのように投げかけると、夢中で手を挙げたり、国語辞典を引いたりします。

このように同じ部首を挙げさせる、という指導は多いでしょう。

一方、「軽」や「怪」の右側の部分が入った漢字を尋ねても、子どもは多く挙げてきます。個人的には、こちらの**「同じ部分」の漢字を挙げさせたほうが得るものは多い気がします**。

「さんずい」「にんべん」などの部首で漢字を集めれば、「似た意味の漢字が集まる」ということはある程度目に見えています。だから、「海」と「湖」が仲間だったという事実は、「意外性」に欠けます。一方、「同じ部分」の漢字を集めた場合、どうでしょう。子どもの頭の中にはまったく違う意味として捉えられている「軽」と「怪」とに同じ部分があることに気がつきます。他にも「径」「経」も同じであることなどから、**「読み」が一緒だという「発見」があり、子どもは驚く**のです。

漢字微細指導技術⑤
いきなり漢字ミニテスト

指導技術の概要

いきなり漢字ミニテストをすることで、子どもに「復習しなくちゃ」という思いにさせる。

指導技術のねらい

・前に学習した漢字を書けるかどうか、いきなりミニテストをすることで、子どもに「復習しなくちゃ」という思いにさせる。
・前に学習した漢字を短時間でサッとチェックする。

指導技術の具体とポイント

授業の初めなどに、いきなり、

「漢字テストするよー!」

と言って、黒板に、問題を書き始めてしまいます。子どもは漢字ノートに答えを書きます。出す問題は、漢字ドリルの中でかなり前にやったところを、ランダムに出すようにしています。すると、かなり漢字の得意な子でも、間違えることが多々あります。そうすれば、子どもたちは、自分から復習したり、セルフチェック、ペアチェックをしたりするようになります。繰り返しになりますが、「漢字は忘れるもの」なのです。そのため子どもは、ドリルを合格したら覚えたと思いがちです。そのような思い込みを崩すのがこの指導です。**一方、よく行われている「予告あり」の定期的な小テストでは、得意な子はしっかり練習するので間違えず、子どもは覚えたと思い込んだままです。**

出す問題は5〜10問ほどにし、終わった子はすぐに熟語や他の使い方をノートの空いているところに書き込むシステムにしておきます。そして、○付けは自分、ないしは隣の子同士でさせます。答えは教師がパッと書いてしまってもよいですし、「自信がある人？」と手を挙げさせて、前に出て書かせてもよいでしょう。何回かやればサッとできるようになります。

答え合わせが終わったら、私は次の2点を尋ねます。

「全部できた人？　1つ間違えた人？　2つ間違えた人？　間違えた漢字はどうするんだっけ？」

「じゃあ、この○がつく熟語いくつか書けて、みんなの前で言える人は立って言いましょう」

1点目は、いくつできたかを確認するためです。そして、間違えた漢字は、漢字練習ノートに書き出すことをしつこく指導していきます。

2点目は、子どもたちに「熟語・他の使い方」に目を向けさせるためです。終わった子に書かせておいて、その後何もなしでは子どもはやる気をなくすので、必ずこのような問いかけは必要です。

漢字微細指導技術⑥

送り仮名指導

指導技術の概要

送り仮名は機械的に覚えさせるのではなく、「なぜその文字から始まるのか」を考えさせる。

指導技術のねらい

・送り仮名を正確に覚えさせる。
・送り仮名をつける法則を身につけさせ、他の漢字に応用させる。

指導技術の具体とポイント

意外と難しいのがこの「送り仮名」の指導です。なぜ難しいのかというと、1つ1つ機械的に覚えさせるからです。つまり、「『難しい』の送り仮名は、『しい』」と覚えるということです。これでは、「『習う』の場合は……」や「『終わる』の場合は……」と1つ1つ個別に覚えなくてはいけません。

しかし、ある程度、法則があるはずです。それを指導し、子どもが自分で判断できるようにしましょう。

内閣告示「送り仮名の付け方」というものも出されていますが、これをそのまま子どもに教えても非効率です。私は、**「いくつか訓読みを思い出して、それを並べて、どこから違うかを見つける。その、違うところから送り仮名をつけるんだよ」**と指導しています。

例えば、「終」であれば、「おわる」と「おえる」という訓読みがあります。どこから違うかというと、「わ」と「え」のところからです。送り仮名は「違うところ」からつけますから、「終わる」「終える」と書くのです。

送り仮名は、基本的に「書き言葉」です。口で話している分には、送り仮名の問題は発生しません。ですが、「終る」と書いてしまうと、これは「おわる」なのか「おえる」なのか分からなくなってしまうのです。だから、書き言葉で相手にどう読むか伝えるために、送り仮名は存在するんだよ、と子どもに伝えます。

この指導を何回か具体例を交えて全体にします。

その後は、子どもが漢字ドリルを見せにきたときなどに、書き順チェックをしたあと、「過ぎるの送り仮名は?」と尋ね、子どもに「ぎるです。」と答えさせた後、「なぜ?」とひと言聞きます。そして、子どもに「『過』の訓読みには、『過ごす』と『過ぎる』があって、『ご』と『す』が違うから、そこから送り仮名をつけるからです」と説明させるのです。

漢字微細指導技術⑦　効率的なテストの○付け方法

指導技術の概要

効率的に漢字テストの○付けをして、すぐに子どもに返すことで、子どもが漢字を覚えられる。

指導技術のねらい

・子どもが漢字を書いた記憶があるうちにテストを返却することで、すぐに練習ができ、後日配るよりも効果的に漢字を覚えられる。
・教師の残業時間が減る。

指導技術の具体とポイント

漢字テストの○付けは、正確につけるという最低条件を満たしたうえで、**「早ければ早いほどよい」**と言えます。テストの○付けが早ければ、子どもの手元に返るのが早いということになります。そうすれば、まだ書いた記憶があるうちに子どもにテストが返ってくることになり、すぐに練習ができ、結果的に記憶に残るのです。つまり、「即時評価」をするということです。理想は、その時間にテストが子どもの手元に返っていることです。そのために必要なことは2点です。

1点目は、そのテストはどのようなテストか見極め、それによって○付けの仕方を変えることです。私は、授業の初めにサッとミニテストのようなことをすることがあります。黒板に漢字ドリルの問題をランダムに書き、それをノートに書かせるものです。このようなテストは、子どもの学力を測るというよりも、子どもをさらにやる気にさせるために行うものです。そのため、このようなミニテストは、隣の子とノートを交換して○付けをすれば十分です。一方、抜き打ち50問テストなどの、子どもの学力を測るためのテストは、もちろん教師が○付けをします。

2点目は、教師が○付けをする際、小刻みに持ってこさせるということです。全部やらせてから集めて、放課後に○をつけて、転記して返すという方法では、返すのが遅くなりますし、教師の残業時間も増え、自己研鑽に時間を使えなくなってしまいます。

私は50問テストでは、次のように指示しています。

「一段（10問）終わったら、見せにきなさい」

見せにくるときの教室の歩き方、動線も指導しておきます。10問であれば、すぐに○をつけられ、行列になることもありません。ぜひ、おススメします。

おわりに──漢字指導でクラスをつくれる！

ほんの数年前まで、私が漢字指導の本を書くことになるとはまったく思っていませんでした。すべては、群馬県の深澤久先生からの指示で、抜き打ち50問テストをしてみたことから始まりました。目も当てられないくらい、悲惨な結果が出てしまったのです。私は、子どもたちに申し訳ない思いでいっぱいになりました。

私の専門教科は国語科です。それでも、漢字1つ十分に子どもに定着させられていなかったのです。新卒以来、何となく続けていた漢字指導を見つめ直しました。その指導改善の結果が本書で提案する漢字指導法です。

私が変わると、指導が変わり、やがて子どもが変わりました。

子どもが漢字を大好きになり、時間があれば漢字学習をするようになりました。「抜き打ち」でテストをしても当然のように100点を取るようになりました。担任した子は、学習方法を身につけ、進級して私のクラスを離れても、当たり前のように「抜き打ち」で100点を取り続けるようになりました。

漢字が苦手だった子は、できるようになり、自信を得ました。

もともと得意だった子も、漢字学習に全力を尽くし、苦手な子以上に努力するようになりました。

私は子どもたちのそんな姿を見て、「漢字指導でクラスをつくれるんだ！」ということを実感しました。

読者の先生方にも、ぜひ実感していただきたいと思います。

自分が変われば、子どもも変わるのです。

本書執筆、実践の見直しのきっかけを与えてくださった深澤先生に感謝申し上げます。ありがとうございました。

恩師石丸憲一先生から「土居君だけができても意味がないよ」と、アドバイスをいただきました。なるべく、どんな教室でもできるように、ということを心がけて書かせていただきました。

最後に、明治図書林知里様。私の実践、特徴を深く理解してくださり、企画段階から的確なアドバイスをいただいたり、相談に乗っていただいたりして最後まで書き上げることができました。ありがとうございました。

本書が日本の漢字指導を変革し、子どもたちが漢字を学ぶことが好きになる一助になれば幸せです。

土居　正博

参考文献一覧

大村はま（1994）『教室をいきいきと1・2』 ちくま学芸文庫
岡篤（2002a）『書きの力を確実につける』 明治図書
岡篤（2002b）『これならできる！漢字指導法』 高文研
石田佐久馬ほか（1969）『効率を高める漢字指導の方法』 東洋館出版社
江守賢治（1965）『筆順のすべて』 日本習字普及協会
小林一仁（1981）『漢字教育の基礎研究』 明治図書
小林一仁（2002）「漢字の学習指導」（全国大学国語教育学会編『国語科教育学研究の成果と展望』）明治図書
国語教育研究所（所長輿水実）編（1971）『漢字の読み書き分離学習』 明治図書
齋藤孝（2002）『理想の国語教科書』 文藝春秋社
坂口京子（2009）「漢字」（田近洵一・井上尚美編『国語教育指導用語辞典第四版』） 教育出版
佐々木正人・渡辺章（1983）「『空書』行動の出現と機能―表彰の運動感覚的な成分について―」（『教育心理学研究』 第31巻第4号） 日本教育心理学会
佐々木正人・渡辺章（1984）「『空書』行動の文化的起源―漢字圏・非漢字圏との比較―」（『教育心理学研究』 第32巻第3号） 日本教育心理学会
杉渕鐵良・ユニット授業研究会編著（2014）『全員参加の全力教室―やる氣を引き出すユニット授業』

日本標準
棚橋尚子（２０１３）「漢字の学習指導に関する研究の成果と展望」（全国大学国語教育学会編『国語科教育学研究の成果と展望Ⅱ』）学芸図書
白石範孝（２０１４）『国語授業を変える「漢字指導」』　文溪堂
千々岩弘一（２０１５）「国語科教育における漢字指導に関する共有点とその源流」（『日本語学』34巻5号）明治書院
野口芳宏（１９９８）『野口流・国語学力形成法』　明治図書
深澤久（２００９）『鍛え・育てる　教師よ！「哲学」を持て』　日本標準
深澤久（２０１５）「〝学び方〟を教え、『やる気』を引き出す」（『教師のチカラ25号』）日本標準
福沢周亮（１９７６）『漢字の読字学習―その教育心理学的研究』　学燈社
福嶋隆史（２０１７）『国語って、子どもにどう教えたらいいの？』　大和出版
文化庁（２０１６）「常用漢字の字体・字形に関する指針」
ピーター・ブラウン、ヘンリー・ローディガー、マーク・マクダニエル／依田卓巳訳（２０１６）『使える脳の鍛え方』　ＮＴＴ出版
ベネディクト・キャリー／花塚恵訳（２０１５）『脳が認める勉強法』　ダイヤモンド社
文部科学省（２０１７）「小学校学習指導要領解説　国語編」
早稲田大学教育総合研究所監修／坂爪一幸編著（２０１０）『「脳科学」はどう教育に活かせるか？』　学文社

【著者紹介】

土居　正博（どい　まさひろ）

1988年，東京都八王子市生まれ。創価大学教職大学院修了。川崎市公立小学校に勤務。国語教育探究の会会員（東京支部）。全国大学国語教育学会会員。全国国語授業研究会監事。教育サークル「深澤道場」所属。教育サークル「KYOSO's」代表。『教師のチカラ』（日本標準）准編集委員。「第51回わたしの教育記録」（日本児童教育振興財団）にて「新採・新人賞」受賞。「第52回わたしの教育記録」にて「特別賞」を受賞。「第67回読売教育賞」にて「国語教育部門優秀賞」を受賞。『教育科学国語教育』（明治図書），『教育技術』（小学館），『教師のチカラ』（日本標準）などに原稿執筆多数。著書に『クラス全員に達成感をもたせる！１年生担任のための国語科指導法―入門期に必ず身につけさせたい国語力―』『教員１年目の教科書　初任者でもバリバリ活躍したい！教師のための心得』（明治図書）がある。共著に『「めあて」と「まとめ」の授業が変わる「Which 型課題」の国語授業』（東洋館出版社）などがある。

〔本文イラスト〕木村　美穂

クラス全員が熱心に取り組む！漢字指導法
―学習活動アイデア＆指導技術―

2019年３月初版第１刷刊 ©著　者　土　居　正　博
2025年５月初版第14刷刊　発行者　藤　原　光　政
発行所　明治図書出版株式会社
http://www.meijitosho.co.jp
（企画）林　知里（校正）井草正孝
〒114-0023　東京都北区滝野川7-46-1
振替00160-5-151318　電話03（5907）6703
ご注文窓口　電話03（5907）6668

＊検印省略　組版所　株式会社アイデスク

Printed in Japan　ISBN978-4-18-106425-9